나는
프랑스어로
행복한 인생을
배웠다

나는 프랑스어로 행복한 인생을 배웠다

초판 1쇄 인쇄 2020년 8월 17일
초판 1쇄 발행 2020년 8월 24일

지은이 손원곤
펴낸이 우세웅
기획총괄 우 민
책임편집 이양이 장보연
콘텐츠기획·홍보 박서영
북디자인 신은경

펴낸곳 슬로디미디어그룹
출판등록 제25100-2017-000035호(2017년 6월 13일)
주소 서울특별시 마포구 월드컵북로 400, 서울산업진흥원(문화콘텐츠센터)5층 20호
전화 02) 493-7780
팩스 0303) 3442-7780
전자우편 slody925@gmail.com(원고투고·사업제휴)
홈페이지 http://slodymedia.modoo.at
블로그 http://slodymedia.xyz
페이스북 • 인스타그램 slodymedia

ISBN 979-11-88977-54-3 (03190)
이 도서의 국립중앙도서관 출판예정도서목록(CIP)은 서지정보유통지원시스템 홈페이지(http://seoji.nl.go.kr)와 국가자료공동목록시스템(http://www.nl.go.kr/kolisnet)에서 이용하실 수 있습니다. (CIP제어번호 : CIP2020033634)

프랑스어를 망설이는 당신에게
건네는 단 하나의 책!

paris

나는 프랑스어로 행복한 인생을 배웠다

손원곤 지음

슬로디미디어

C O N T E N T S

파리에서 스타벅스 면접에 도전하다

C O N T E N T S

낭만의 도시 파리를 사랑하다

공대생 1년 만에 프랑스어 DELF B2 합격하다

C O N T E N T S

알제리에서
모로코까지
인생을 아름답게 가꾸다

프롤로그

내 인생 최고의 축복, 파리

나는 올해도 어김없이 파리에 도착했다. 프랑스에서의 생활을 마치고 5년이라는 시간이 지났지만 여전히 파리는 그리움의 대상이다. 파리 공항을 빠져나가자마자 'PARIS VOUS AIME 파리는 당신을 사랑합니다'라는 전광판 글귀가 나를 환영해 주었다. 나는 마음속으로 'Paris, tu m'avais manqué 파리, 보고 싶었어'라고 나지막하게 읊조리게 된다.

나는 파리와 장거리 연애를 하고 있는 것 같다. 파리라는 도시에 대해 처음 관심을 갖게 된 이후부터 그곳을 더 잘 알기 위해 프랑스와 관련된 영화를 찾아보았다. 어느새 프랑스에 대한 호기심은 내 삶의 일부분이 되었고, 이것은 내 삶에 가장 큰 선택이었다.

파리에 처음 도착한 그날의 감동이 아직도 생생하다. 현지인들의 시선과 향기, 분위기, 쌀쌀했던 날씨까지 아직까지 기억이 난다. 프랑스에 살 때는 마치 누군가를 사랑할 때와 같았다. 때로는 미칠 듯이 행복했던 날도 있었고, 힘든 때를 견뎌야 하는 시기도 있었다. 그곳을 떠나 한국에 돌아와 직장생활을 하면서도 계속 프랑스가 머릿속에 맴돌았다. 매일 같이 사랑하는 연인을 그리워하는 시간들을 보낸 셈이다.

만약 내가 아직까지 파리를 모르고 살았다면 지금의 내 모습은 어떨까? 분명한 것은 파리를 만나기 전에 내 인생은 흰색 도화지였다. 그러나 지금은 여러 가지 색깔이 조화를 이루며 그림을 그리고 있다. 인생을 살아가는 데 있어 앞만 보고 달릴 수도 있지만 때로는 그 길이 조금 늦더라도 많은 경험을 하며 사는 것이 더 의미 있기도 할 것이다. 바로 프랑스는 내게 새로운 경험을 만들어 주었을 뿐만 아니라 인생의 재미를 느끼게 해 준 곳이다.

현재 전공자는 물론 취미로 프랑스어를 배우고 싶은 분들에게 프랑스어를 가르치고 있다. 나 또한 프랑스어를 알파벳부터 배우던 시절이 있었고, 인터넷 검색만으로는 자료가 턱없이 부족한 시절을 겪었었다. 심지어 서점에 있는 교재들도 잘못된 발음 표기나 정보들이 많았다. 그러나 지금은 예전보다 비교적 쉽게 프랑스어에 대한 정보를 찾을 수 있지만 아직까지 프랑스어는 어려운 언어라는 인식이 강한 것 같다는 생각이 든다. 먼저는 이러한 고정관념부터 깨는 것이 우선시되어야 한다고 생각하기 때문에 프랑스어와 문화를 소개하는 크리에이터로 활동하게 되었다. 그리고 더 나아가서는 프랑스에 한국과 한국 문화를 소개하며 두 나라를 잇는 다리 역할이 되는 사람이 되고 싶은 바람이 있다.

이 책은 프랑스어 비전공자인 내가 어떤 경험을 통해 프랑스어를 잘하게 되었는지 등 파리와 관련한 다양한 에피소드가 담겨 있다. 파리와 프랑스어, 외국생활에 관심 있는 분들이 읽으면 좋을 것이다. 특히 현재 자신의 삶의 방향을 두고 방황하는 청년들에게 자신감과 희망을 잃지 말라고 말하고 싶다.

끝으로 해외생활을 할 때 항상 기도로 내게 힘이 되어 주신 어머니와 동생에게 고마움을 전하고 싶다. 내가 어디를 가나 함께 해 주시고 나의 삶을 이끌어 주시는 하나님께 감사드린다.

손 원 곤

O N E

취업과
프랑스 연수 선택의
기로에 서다

인생은 선택의 연속이다

내가 좋아하는 광고인 박웅인 씨는 자신의 저서 《여덟 단어》에서 '어떤 선택을 한다는 것은 어느 한 가지를 포기한다는 의미와 같다. 그러므로 어떤 선택을 하든 정답은 없다는 것이다. 그러나 선택을 한 후에는 열심히 살아가면 되는 것이고, 그럼 그것이 정답이 된다는 것이다. 왜냐하면 어떤 선택을 하든지 그 결과가 보장되는 것은 없기 때문에 여러 가지를 비교하여 선택하되 최선을 다하면 된다'라고 이야기했다. 나도 그가 말하는 '선택'에 대해 많은 공감을 한다.

나는 대학교 재학 시절 군대를 다녀온 뒤부터 그 누구보다 몸과 마음이 강해졌있다. 물론 군대를 다녀온 사람이라면 누구나 나와 같은 생각을 할 수 있을 것이라 생각한다. 사회에 나와 인간관계든 일이든 할 것 없이 무엇이든 다 잘할 수 있을 것 같은 자신감이 넘쳤다. 또한 아직 날개를 펴지 않은 내 인생에서 하고 싶은 것을 그려보며 미래에 대한 기대를 가득 품을 수 있던 때였다. 말 그대로 세상이 달라 보였다. 군 생활을 하며 주위 사람들에게 "군대는 자유가 없어서 힘들다." 라는 말을 많이 들었다. 맞다, 군대란 내가 하고 싶은 것을 할 수 있는 곳이 아니다. 군대 내부에 이미 정착된 규칙을 따라야 하며 하루 일과도 내 의지와는 전혀 상관없이 군대 일과에 맞춰야 한다.

즉, 나에게는 자유가 없었다. 그런데 군대를 전역하고 민간인이 되자 아침에 일어나는 시간부터 오늘은 어떤 음식을 먹을지 등을 내 의지대로 선택할 수 있게 되었다. 그러니 군대는 자유와 선택에 대한 고민을 깊게 할 수 있게 해주며 일반인은 체험하지 못하는 것들을 직접 겪어 볼 수 있는 곳이다. 사실 군대에 가서도 스스로 '인생의 진로'를 고민하고 생각했지만 한 방향을 정하기란 쉽지 않았다. 아직 많은 경험이 없었기 때문이 아닐까 생각한다. 그런데 누구나 성인이 되면 인생에서 중요한 선택을 해야 하는 순간이 오기 마련인데 진로에 대한 고민과 선택은 인생의 방향을 180도로 바꾸는 영향을 끼치기도 한다. 문제는 어떤 선택을 하고 직접 경험해 보기 전까지는 그 선택의 결과를 알 수 없다는 것이다.

우리는 살면서 변화를 겪게 된다. 그 변화는 자의일 때도 있고 타의일 때도 있다. 또 사회에 뒤섞여 살며 겪는 일일 수도 있고, 나이가 들면서 생기는 일일 수도 있다. 초 · 중 · 고등학교를 마치며 기본 교육을 받고나면 대부분의 사람들은 대학을 가고 그 안에서 취업을 하기 위해 부지런히 공부한다. 이 기간 동안 학창시절에 정하지 못한 진로가 있다면 다시 한 번 정할 수 있는 기회를 만나게 되는데 바로 지금 자신의 모습이 이때 선택한 일의 결과일 확률이 크다.

부모님께서는 내게 종종 "어느 누구도 너 대신 인생을 대신 살아주지 않는다."라고 이야기하셨다. 그때는 이 말이 마음에 잘 와 닿지 않았지만 지금은 그 말뜻이 무슨 의미인지 알게 되었다.

어른이 된 지금 매일 같이 크고 작은 선택을 하며 산다. 부모님이 말씀하셨던 것처럼 결국 아무도 나를 대신해서 선택해 주지 않고, 오로지 혼자 선택을 하며 결과에도 책임을 져야 한다. 물론 눈물 나는 노력이 있었던 선택에는 대부분 좋은 결과가 나왔다. 대부분의 사람들은 관성의 법칙에 따라 변화하는 것을 싫어하고 익숙한 것을 좋아한다. 왜냐하면 무언가 새롭게 변화한다는 것은 자신의 상황이나 마음가짐을 바꾸어야 하기 때문에 번거롭게 느껴지기 때문이다.

덴마크의 철학자 쇠란 키에르케고르는 '과감한 시도로 인간은 잠시 자신의 위치를 잃을 수 있다. 그러나 과감한 시도가 없으면 인간은 자기 자신을 잃는다'라고 말했다. 이 말은 즉, 당장은 익숙함과 편안한 삶이 안전해 보이고 올바른 길처럼 보일지라도 시간이 지나서는 후회할 수 있다는 말과 같다. 만약 과감한 시도와 현실에 안주하는 것 중에 한 가지를 선택해야 한다면 과감한 시도를 한번 해보자.

내가 처음 스스로 내 인생에서 무엇인가를 선택한 첫 번째 일은 호주로 어학연수를 떠난 경험이었다. 군대를 전역하고 다시 학교에 가니 고민이 많아졌었다. 힘들게 공부해서 학교를 졸업하고 나면 곧장 취업을 해야 하는데 그러기에는 내 젊음이 아깝다는 생각이 들었다. 앞으로 일을 해야 하는 시간을 생각해 보면 최소 30년은 해야 하는데 굳이 그 시간을 앞당길 필요성이 있나 생각이 들었고, 우선은 사회생활을 시작하기 전에 나만의 경험들을 많이 쌓고 싶다는 생각이 들었다.

선택으로 인한 결과는 내가 스스로 책임져야 한다는 생각이 커지자 시간이 흘러가는 대로 사는 것이 아니라 내 인생을 스스로 개척하고 선택하며 살고 싶은 마음이 커졌다. 호주로 떠나는 일은 내 인생 진로에 있어서 아주 큰 선택이었고, 곧 나는 아르바이트로 모은 돈 300만 원을 들고 호주로 떠났다. 그곳에서 일 년이 넘는 시간 동안 현지인들과 소통하며 일을 했고 덕분에 영어 실력도 많이 향상되어 지금까지 그때 만난 인연들과 연락을 하며 지내고 있다. 물론 최종 선택을 하고 호주로 떠나기까지는 이 도전이 나에게 맞는 것인지 아닌 것인지 의문이 들 때도 있었다. 학교를 열심히 다니는 주변의 친구들을 볼 때면 더욱 갈등이 심해지기도 했었으니 말이다. 그러나 떠나겠다는 마음을 먹은 뒤로는 정보를 계속 찾아보며 내 도전에 힘을 실어주었다.

미국의 제 32대 대통령 프랭클린 루스벨트의 아내이자 미국의 여성 사회운동가이기로 유명한 엘리너 루스벨트는 “하루에 하나씩 당신을 두렵게 하는 일을 하라.”라는 말을 했다. 정말 작은 일이라도 두려운 것이 있다면 겁먹지 말고 그 일을 해내기 위해 하나씩 실천해 보는 것이다. 이 일이 쌓이다 보면 어느새 인생은 크게 달라져 있을 것이다. 사람마다 자신이 갖고 있는 두려움은 다를 것이다. 만약 자신의 인생에 분명 긍정적인 영향을 끼치는 일이 확실한데 단지 지금까지 해보지 않아서 막연히 두려운 것이라면 꼭 도전해 보기를 바란다. 예를 들어 나에게는 아침에 일찍 일어나 운동을 하는 습관을 기르는 것이 여기에 해당된다.

나는 첫 해외 경험을 마치고 우리나라에 돌아왔을 때 비로소 '인생은 스스로 선택해서 책임져야 하는 것이구나'라는 사실을 절실히 느꼈다. 호주로 어학연수를 가 있는 동안 내가 계획한 영어 실력 향상, 해외 경험 등에 대한 목표도 이루었다. 확실히 나는 예전의 나보다 더 크게 느껴졌고 자존감도 높아져 '해외에서 별 고생을 다했는데 여기서 이쯤은 못하겠나?'라는 생각이 들었다.

호주에서의 경험은 우리나라 학교에서 일반적으로 이루어지는 주입식 교육으로는 절대 배우지 못하는 것들이 많았다. 물론 내가 나서서 이야기하지 않아도 나와 같이 느끼는 사람들은 많을 것이다. 그러니 이 경험을 하기 위해서는 '나도 그 경험을 하겠다'는 다짐과 선택이 있어야 한다. 그렇다면 더 이상 고민하지 말고 당신의 인생을 책임질 여행을 한번 떠나보자. 당신의 선택으로 이제까지 겪어보지 못한 새로운 경험과 기회들이 당신을 기다리고 있을 것이다.

내 인생 최고의 선택은 호주 워킹홀리데이였다

세계적인 대부호 존 록펠러는 '만일 당신이 성공을 원한다면 이미 보장된 닳고 닳은 길 대신, 아무도 가지 않은 새로운 길을 선택하라'라고 말했다. 하지만 주위를 돌아보면 도전적인 삶보다는 지금의 안정적인 삶에 가치를 두고 큰 행복을 느끼는 사람들도 많다. 사람마다 자신이 추구하는 가치와 행복은 다를 것이기 때문에 자신에게 맞는 길을 선택하면 된다. 결국 우리는 행복해지기 위해 돈을 벌고 건강에 좋은 음식을 먹으며 좋아하는 일을 하는 것이 아닌가. 먼저 자신이 무엇을 할 때 스스로 행복한지 스스로 자문해 보는 과정이 필요할 것이다.

호주에서의 생활을 되돌아보면 꿈만 같다. 호주에 도착한 첫날부터 마지막 날까지 내 인생에서 정말 특별한 시간이었다. 호주에서의 삶은 오늘 하루 내가 어디에서 누구를 만날지 어떻게 먹고 지낼지에 대해 아무것도 정해진 것이 없는 모험 그 자체였다. 정해진 것이 없는 삶은 마치 한 치 앞도 알 수 없는 인생을 압축한 듯이 기대, 두려움, 행복, 기쁨, 슬픔, 고통, 걱정이라는 모든 감정을 다 느낄 수 있었다. 그러나 지금 생각해보면 그때 힘들었다 할지언정 지나간 모든 것들은 추억이기 때문에 좋은 감정만 남아있다. 지금은 그 순간들을 웃으면서 이야기할 수 있지 않은가. 만약 지금 당장 앞이 보이지 않을 정도로 어렵고 힘들다고 하더라도 그 과정들이 지나가면 반드시 웃는 날이 다시 올 것이다. 그래서 어쩌면 지금 느끼는 그 어려움은 힘든 일이 아닐 수도 있다.

나는 호주 워킹홀리데이를 경험한 이후 인생에 가장 큰 변화가 생겼다. 호주로 떠나기 전 계획했던 목표가 세 가지가 있었는데 첫 번째로는 영어 테솔Tesol 국제영어교사자격증 취득이었고 두 번째로는 여행을 위한 자금을 모으는 것이었다. 마지막으로는 현지인과 같이 일을 하며 그 나라를 경험하는 것이었는데 나는 이 모든 계획을 다 이루었다. 목표를 이루고 나자 자신감이 생겼고 이 자신감은 영어 실력 향상이라는 결과로 나타났다. 이 덕분에 편입도 가능했고 교내 영어 쓰기 대회에서 10등 안에 들기도 했다. 사실 나는 영어 공부를 쓰면서 한 적은 없었다. 단지 현지에서 즐겁게 영어를 즐기며 했을 뿐이었다.

2009년, 내가 호주로 워킹홀리데이를 떠났을 때만 해도 지금처럼 워킹홀리데이 제도가 확장되지 않았을 때였다. 그래서 워킹홀리데이 정보를 알아내는 것조차 쉽지 않았기 때문에 스스로 결정을 내리기가 어려웠다. 만약 주위에 먼저 경험을 했던 누군가가 있었다면 조언을 구할 수 있었을 텐데 그렇지 못하다 보니 혼자 고민하고 결정해야 하는 시간들이 많았다. 우여곡절 끝에 떠나게 된 워킹홀리데이는 부유한 집안에서 태어나지 않아도 해외에 나가 공부할 수 있는 기회를 열어준 셈이었다.

나는 공대생으로 전공은 컴퓨터 공학과다. 내가 아직까지 이해하지 못하고 있는 것은 전공을 정할 때 각 사람의 관심사가 아니라 왜 점수로 정하는 것인지 모르겠다. 물론 특정 전공이나 인기 있는 전공에 학생들이 몰리는 것을 막기 위한 방법이라는 것은 이해가 되지만 그래도 변화가 필요하다는 생각을 한다. 나 역시 내가 배우고 싶은 것과는 무관하게 전공을 선택했다. 주변을 살펴보면 자신의 전공을 좋아하거나 잘하는 사람들도 있지만 반대인 사람이 더 많았다. 그러나 이들도 좋아하지도 않는 전공을 택했어도 졸업은 해야 한다는 생각에 학교를 다니고 있다. 그들을 보고 있으니 마치 삶은 이미 정해져 있고 그 삶에 순응하며 취업만 잘하면 그만이라는 생각으로 시간을 보내는 것 같았다.

나는 내 인생의 변화가 필요했다. 내가 알지 못하는 새로운 것을 경험하고 싶었고 도전하기 위해서는 남들과 다른 선택을 해야 했다. 그러나 그때도 내 머릿속에는 많은 생각과 걱정들이 가득했었다. 그 걱정들은 '어학연수 뒤 새로운 친구들과 어떻게 적응을 할까?', '다녀온 후에도 스스로 바뀐 게 없으면 어떡하지?'라는 아주 사소한 걱정거리로 스스로를 괴롭혔다. 그러나 불안한 마음이 들 때마다 '내가 생각하는 모든 것은 아직 일어나지 않은 일이고 그때 일은 그때 생각해도 늦지 않다'라고 생각하며 지금보다 더 넓은 안목을 갖기 위해 지금 열심히 해야 할 것을 찾았다. 그리고 무엇보다 나중에 후회하지 않는 결정이 되도록 스스로 몇 가지 약속을 했다.

우선 영어 정복의 목적이 컸기 때문에 되도록 한국 사람과는 어울리지 말자고 생각했다. 물론 현지에서 이러한 다짐이 흔들릴 때가 있었는데 그때마다 마음을 추스르며 원래의 목적만을 생각하기로 했다. 그 결과 내가 이루고자 하는 목표들을 이루었고 동시에 확고한 목표가 세워졌다면 이루기 위한 생각만 하면 되는 것임을 깨달았다.

만약 당신이 '나는 외국에서 영어를 정복하고 오겠다'라고 목표를 세웠다면 실제로 그곳에 도착한 이후부터는 그 목표를 이루기 위해 자신만의 실천 계획을 세워 하면 된다. 매일 작더라도 하나씩 실천하다 보면 한국에서 공부하는 것보다 훨씬 효과적인 결과가 나올 것이다. 외국어를 공부할 때 가장 중요한 것은 주변 환경을 어떻게 만드느냐이다. 즉 한국에서는 외국어를 익힐 수 있는 환경을 만들어야 하지만 외국에서는 그럴 필요가 없이 영어를 사용할 수밖에 없는 환경이 주어지기 때문에 그 환경을 어떻게 활용하는지가 중요한 것이다.

내가 처음 호주로 워킹홀리데이를 떠났을 때 큰돈을 가지고 간 것도 아니었고 그렇다고 아는 사람이 있는 것도 아니었다. 거주할 집과 영어를 공부할 어학원도 정하지 않은 채 무조건 호주 브리즈번으로 향했다. 그 당시 내가 믿었던 것은 딱 한 가지였는데 바로 한국인 커뮤니티 웹 사이트 '썬브리즈번www.sunbrisbane.com'이었다. 그 사이트에는 호주 브리즈번 정보에 대한 모든 것이 있었다.

처음에는 여행자 숙소인 시내 호스텔에 머물며 세계 각지에서 온 외국인들과 2주가량 시간을 보냈다. 지금도 그때 처음 도착했을 때 그 느낌을 잊을 수가 없다. 낯설지만 여유롭고 두렵지만 기대가 되는 먼 나라 호주에 와 있다는 사실 하나만으로 가슴이 벅찼으니 말이다.

그 당시에는 깨닫지 못했지만 지금 되돌아보면 '내가 지금 살아있구나'라는 느낌에 가슴이 벅찼던 것 같다. 호주에서의 워킹홀리데이를 마치고 다음으로 선택한 곳이 프랑스였는데 아마 이때의 느낌이 새로운 도전을 이끄는 데 큰 도움이 되었던 것 같다.

호주에 도착한 지 어느 정도 적응이 될 시기에 나는 영어를 무료로 배울 수 있는 곳이 있다는 정보를 얻어 매일같이 찾아다니며 영어를 배웠다. 그렇게 영어를 배워 테솔 자격증을 도전하여 취득하였다. 그러나 모든 게 내 생각처럼 쉽게 흘러가는 것은 아니었다. 정착 초기에는 영어를 잘하지 못해서 구직 면접에서 떨어지기도 하고 이력서 100장을 들고 직접 들고 돌아다니며 구직활동을 하기도 했다. 그 결과 철판 요리, 토마토 농장, 꽃 공장 등 현지인과 다양한 일을 하며 경험을 쌓았다. 무엇보다 한인 회사가 아닌 현지 회사에서 일을 할 수 있어서 그들과 같이 일하며 의사소통을 하며 영어를 배웠고 다행히 급여도 높아 생활비를 충당하고 여행을 하며 다음 학기 대학교 등록금을 모을 수 있었다.

나의 지난 경험은 어느 누구도 성공 또는 실패라고 판단할 수 없지만 나는 호주 생활을 스스로 성공적으로 마무리했다고 생각한다. 왜냐하면 영어를 공부하며 스스로 테솔 자격증을 취득하였고, 토익 성적의 향상으로 인해 귀국 후에는 편입에 도움을 많이 받았기 때문이다. 또한 해외에 살며 다양한 국적의 사람들을 만나는 동안 시야가 넓어졌고, 자립심이 생겨 자신감도 무척이나 향상되었다.

해외를 나가면 모두 다 처음 보는 사람이지만 사람들이 호의적이라 더 접근하기 쉽고 어울리기 쉽다. 나는 이 경험으로 아직도 그때 만났던 친구들과 연락을 하며 지낼 만큼 그때의 추억은 소중한 시간으로 남았다. 마지막으로 귀국 전 1,000만 원이 조금 넘는 돈을 학생 신분으로 벌어서 학비를 내기도 했다.

만약 내가 보통 사람들과 같이 상황이 흘러가는 대로 살았다면 어땠을까? 아마 내가 누린 경험들을 평생 해보지 못한 채 현실에 안주하며 하루살이처럼 살고 있었을 것이다. 지금도 이때의 선택은 내 인생 최고의 선택으로 남아 있다. 누군가 해외에서 어떤 경험을 쌓고 싶다고 이야기한다면 망설일 시간에 일단 떠나라고 꼭 말해주고 싶다. 인생은 단 한 번뿐이므로 도전하며 살기에도 바쁘지 않은가.

하버드를 인터뷰하다

호주에서의 생활을 마치고 나니 막연했던 것들이 구체화되기 시작했고 더불어 자신감이 생겼다. 영어 실력은 향상되었고 앞으로 내가 살아가야 할 인생에 대한 두려움이 사라진 것이다. 인생의 경험을 통해 자존감이 높아져 마치 군대를 막 전역한 후에 이 세상에서 무엇을 해도 잘할 수 있을 것 같았던 그때의 모습이 생각났다.

나는 호주에서의 경험을 시작으로 본격적으로 해외를 나가기 시작했다. 그러면서 프랑스에서 생활하며 다양한 유럽 국가를 여행하기 시작했는데 알제리도 갔다 온 상황에서 나는 또 다른 여행을 계획하고 있었다. 바로 한 번도 내 발로 밟지 못한 대륙, 아메리카에 위치한 미국을 가보기로 한 것이었다. 그때까지 미국은 그저 사진으로만 보며 한번은 꼭 가보아야겠다고 마음먹고 있던 곳이었는데 이 계획을 실행해 옮긴 것이다.

나는 나보다 먼저 뉴욕을 다녀온 동생의 추천에 따라 그곳을 먼저 가보았는데 가보고 나니 내가 생각했던 선입견들이 없어지는 계기가 되었다. 막연히 미국은 비자 발급도 까다롭고 여행 경비가 비싸 제대로 여행을 하지 못할 것이라고 생각했었는데 막상 마음먹고 조사해 보니 내가 알고 있었던 것과는 무척 다르다는 것을 깨달은 것이다.

만약 당신이 선입견 때문에 시도해 보지 않고 포기하려고 하는 것이 있다면 그럴 필요가 없다고 꼭 이야기하고 싶다. 예를 들어 나는 지금도 프랑스를 일 년에 한 번은 꼭 가는데 보통 사람들은 “거기 돈 많이 있어야 가는 곳 아니야?”라고 묻는 경우가 다반사다. 그러나 잘 찾아보면 항공권부터 훨씬 저렴하게 구할 수 있고 또 현지에서도 쉽게 알아볼 수 있다. 생각해 보면 어린아이들은 항상 뭐든지 궁금해하고 묻는 것이 일상화가 되었는데 오히려 나이가 들면서 호기심은 줄어들고 선입견만 늘어나는 것 같아 안타까울 때가 많다. 막상 자신이 알고 있던 정보가 사실이 아니라 선입견이었음을 알게 되면 사막에서 오아시스를 찾은 것과 같은 기분을 느낄 것이다.

나는 뉴욕으로 여행을 떠나기 전, ‘그냥 여행만 하기에는 이제 좀 지루한데?’라는 생각을 하게 되었다. 아마 내가 프랑스에 살며 그곳에서만 할 수 있는 것들을 찾아다니며 특별한 일들을 해내는 데 습관이 되었던 것 같다. 미국에서 내가 무엇을 할 수 있을까 고민을 한 끝에 ‘하버드 대학교’라는 단어가 떠올랐고, 세계 일류들이 가는 곳이라 여기며 멀게만 느껴졌던 그곳을 제대로 알아보고 싶었다. 내가 관심이 있기 전까지는 위치가 어디에 있는지도 몰랐었는데 관심이 가자

학교에 대한 모든 것들이 궁금해지기 시작했다.

하버드는 보스턴에 위치하고 있었고 뉴욕에서 버스로도 이동할 수 있는 거리였다. 어릴 때부터 듣기만 했던 하버드 대학교에 가서 그 대학교 학생들이 나와 무엇이 다른지 직접 부딪히며 느끼고 싶었다. 그러면서 그들은 내가 알지 못하는 무언가를 알고 있을 것 같은 궁금증이 생겼고, 내가 그들을 만나 직접 해답을 찾을 수 있다면 앞으로 살아가는 데 있어서 큰 의미가 있을 것 같았다. 곧 하버드 대학교에 가는 것은 결정했지만 '그냥 방문만 하고 학생들만 쳐다만 보고 오는 것이 무슨 소용일까?'라는 생각을 하게 되면서 나름의 하버드 인터뷰 프로젝트를 시작하게 되었다. 그런데 마침 내 지인 중에 〈요지경〉이라는 독립 잡지를 운영하는 동생이 있었는데 이 이야기를 꺼내니 나의 프로젝트에 관심을 보여 이 잡지에 하버드 생을 인터뷰한 내용과 나의 뉴욕 생활을 조합해 싣기로 했다.

학생들을 인터뷰할 때 목소리 녹음만 하는 것보단 직접 영상으로도 남기고 싶어 액션 카메라와 녹음기를 따로 챙겼다. 그러나 질문도 하기 전부터 '내가 잘할 수 있을까?'라는 생각이 들면서 영어 실력에 대한 걱정도 함께 들었다. 그러나 앉아서 생각만 하고 있기 보다는 직접 가서 문제가 생기더라도 시도는 해보자 하는 각오로 미국으로 향하는 비행기에 몸을 실었다.

직접 찾은 뉴욕은 내가 생각했던 것보다 훨씬 더 멋졌다. 특히 노을이 지는 브루클린 다리에 있는 공원에서 바라보는 자유의 여신상은 눈물이 날 정도로 가슴 벅차기까지 했다. 2주 동안의 뉴욕 여행은 쏜살같이 흘러갔고, 어느새 나는 보스턴에 위치한 하버드 대학교에 와 있었다. 하버드 캠퍼스는 평화로웠고 가을이라 그런지 햇살이 비치는 광경은 아름답기까지 했다. 학생들을 처음 본 느낌은 생각보다 여유로워 보였다. 나는 일단 한 명이라도 인터뷰를 시도해야 했고 그 대상을 물색하기 시작했다. 걷고 있는 학생들은 바빠 보였기 때문에 말을 걸기가 어려웠고 주로 혼자 앉아있는 학생들을 타깃으로 삼았다.

첫 시도를 하기까지 망설이며 시간이 걸렸지만 결국 첫 시도를 했고, 다행히 첫 번째 하버드 학생이 인터뷰에 응해주었다. 말을 걸기까지 나도 무척 긴장이 되었고, 학생도 조금은 당황한 기색이었지만 무사히 내가 준비한 질문들을 모두 할 수 있었다. 이것을 시작으로 일주일 동안 열 명의 학생들을 인터뷰하게 되었고 그 과정에서 겪은 우여곡절은 내게 큰 경험이 되었다. 이쯤 되면 내가 그들에게 물어본 질문이 궁금할 것 같아 이야기해 보면 '좋아하는 일과 돈에 대한 상관관계, 행복과 돈의 상관관계, 꿈은 무엇이며 스스로 자신을 엘리트라고 생각하는지' 등을 물었다.

그들의 답변은 흥미로웠다. 대부분 좋아하지 않는 일을 하면서 돈을 버는 것보다 차라리 돈을 적게 벌더라도 자신이 좋아하는 일을 하기를 원했다. 또한 돈은 행복을 보장해 주지 않고, 수단도 될 수 없다는 이야기를 하면서 돈보다는 사람과의 관계나 자신이 어떤 생각으로 어떻게 사느냐가 더 중요한 것이라고 이야기했다. 그것이 그들에게는 행복이라는 생각이 들었다. 또한 그들은 하버드 대학교 학생인 것이 큰 행운이라고 생각했고, '엘리트'라는 단어에 대해 부정적인 이미지가 있어 그 단어의 사용에 대해 거부감을 나타내기도 했다. 그리고 그들도 비싼 대학 등록금으로 인해 우리나라 대학생들과 비슷하게 학자금 대출을 받아 학교생활을 하고 있어서 졸업 후 사회에 나가면 먼저 대출금부터 갚아야 한다는 친구들도 많이 만났다. 그러나 하버드에 다니는 것에 대해 어느 정도 사회에 나가기 전에 보통 일반 사람들보다 유리한 점이 있는 것에 대해서는 인정하면서 하버드 대학교에서 공부할 수 있는 것은 특정한 특권과 비슷하다고 표현하는 것을 보며 그들의 솔직한 모습도 엿볼 수 있었다.

마지막으로 졸업 후에 어떤 일을 하고 싶은지에 대해 물어보니 쉽게 대답하는 학생은 없었다. 아직 잘 모르겠다는 대답이 대부분이었고 특히 자신이 지금 공부하는 전공과 다른 길을 선택할 수 있는 가능성을 모두 열어두었다. 현재 자신이 무엇이 되고 싶은지, 또 꿈이 무엇인지 알 수 없더라도 좌절하지 말자. 왜냐하면 결국 무엇이든 될 수 있다는 기회가 있다는 뜻이고 자신의 꿈에 대한 가능성이 무궁무진하다는 뜻이 아닌가.

새로운 도전, 프랑스에 가다

호주를 다녀온 후, 또 큰 결정을 해야 하는 순간이 나에게 다가왔다. 바로 취업과 프랑스 유학이라는 갈림길이었다. 처음 결정을 해야 하는 순간이었다면 더 어렵게 느껴졌을지 모르지만 한번 해외에 나갔다 온 경험이 있어서 유학을 선택하기는 더욱 쉬웠다. 그 당시 취업을 미루고서라도 새로운 것을 도전하고 싶은 갈망이 컸었다. 이미 호주에서 다양한 경험을 하고 계획했던 목표들을 이루었기 때문에 '한 번 더 도전해 보자'라는 생각이 들었고, 그렇게 프랑스로 떠나게 되었다. 혹시 내가 프랑스 파리에 살았다고 하니 가정이 부유하거나 뭔가 다르기 때문에 물가가 비싸기로 유명한 그곳에서 유학을 했을 것이라고 추측하는 사람이 있다면 정말 잘못된 생각이다.

나와 프랑스는 멀어도 너무 먼 거리의 나라였고 집안 형편도 해외 유학을 보내줄 만큼 결코 부유하지 않았기 때문이다. 또한 나는 프랑스에 대해 아는 것도 많지 않았고, 심지어 프랑스어는 알파벳조차 알지 못했다. 그러나 그 당시 프랑스 여자 친구를 만나면서 프랑스에 대한 관심이 생겼고, 프랑스어까지 관심이 뻗어나갔다. 잠깐 그 당시 프랑스 여자 친구에 대해 소개하자면 한국에서 5년가량 살았고, 석사 과정도 마친 상태였기 때문에 한국어를 정말 잘했다. 그 당시만 해도 외국인이 우리말을 잘하기란 흔치 않았다. 한국어로 대화를 주고받아도 전혀 문제없을 정도였기 때문에 영어, 프랑스어가 아닌 한국어로 의사소통을 했다.

내가 프랑스어에 직접적으로 다가간 계기는 여자친구가 내게 프랑스어를 가르쳐 주면서부터였다. 그리고 그녀는 프랑스로 돌아가 학업을 이어나가길 원했기에 귀국 계획을 갖고 있었다. 그러면서 자연스럽게 프랑스에 같이 가면 어떨까라는 제안을 했고, 그때부터 일대일 프랑스어 수업이 시작되었다. '프랑스어를 가르쳐줄 테니 꼭 가자'라기보다 '한번 같이 프랑스어를 배우며 천천히 생각해 보자'라는 분위기였다. 이때부터가 실제 내가 프랑스어를 접했던 시기다. 또한 운이 좋게 이 시기에 프랑스 IT 벤처기업에서 일하기 시작하면서부터 프랑스 사람들과 같이 일을 하며 그들의 언어, 문화 등을 경험할 수 있었다. 전혀 프랑스어를 듣고 말할 수 없었던 나는 영어로 업무를 봤지만, 그들이 프랑스어를 말하는 분위기, 느낌, 말투 등 전반적인 프랑스 언어를 간접적으로 체험할 수 있었던 기회였다. 그러나 그때까지만 해도 프랑스어를 전혀 이해하지 못했기 때문에 마냥 어려운 언어라고만 생각했다.

프랑스어를 처음 배우는 사람들은 모두 같은 마음일 것이다. 나는 내가 살면서 전혀 듣지 못했던 발음들이 다소 충격으로 다가왔다. 아는 것만 보인다고 하지 않던가? 예전에 외국인들이 프랑스어를 써도 그 말이 프랑스어인 줄도 모른 채 그저 외국어의 하나라고만 생각했다. 한마디로 나에게 프랑스어는 '외계어'일 뿐이었다. 발음 하나를 배울 때마다 나에게 너무 낯설고 이상하게 들려왔다. 배우면서 '어떻게 이런 발음이 존재하지?'라는 생각을 하면서 웃었으니 말이다. 아마도 많이 공감될 것이라고 생각한다. 프랑스어를 처음 공부하면서 어려움을 많이 겪었다. 그래도 주기적으로 계속 조금씩이라도 외우고, 발음하다 보니 조금 들리기 시작했다. 그러나 프랑스인들과 같이 일할 때는 그들의 말을 전혀 알아들을 수 없어 좌절하기도 했다.

그 후로 몇 개월이 흘렀고, 결정해야 하는 순간이 다가왔다. 그 당시 나는 대학교 4학년 졸업을 앞두고 있었고, 졸업 학점을 다 채웠기 때문에 졸업만을 앞두고 있었다. 나는 고민에 또 고민을 하기 시작했다.

나는 호주에서 영어를 공부하며 스스로 깨달은 것이 있다. 언어 습득 능력이 남들에 비해 빠르고 원어민이 하는 말투나 억양을 잘 따라한다는 것이었다. 그 후로 외국어를 공부하는 재미가 생겨 새로운 언어를 공부하고 마스터하고 싶다는 욕심이 계속 생겼었다. 이러한 경험이 내가 공대생임에도 불구하고 외국어에 관심이 생기고 또 잘하게 된 계기라고 생각한다. 일본어, 중국어와 같은 언어에도 관심이 많아 공부를 조금 해왔고, 또 욕심이 생겨 잘하고 싶은 생각도 있었다. 그러나 일본어, 중국어는 상대적으로 다른 외국어보다 공부할 수 있는 자료들이 많아 꼭 유학을 가서 공부를 하지 않아도 쉽게 접근할 수 있었다.

나는 프랑스어를 다른 언어와 비교를 하였는데 프랑스어를 공부할 수 있는 자료들이 그 당시 너무 부족하였고, 쉽게 접근할 수 없는 언어였다. 결국 프랑스로 떠나자는 결심을 하게 된 이유로는 외국어에 대한 욕심이었고, 두 번째로는 국내 프랑스어 자료 부족으로 인해 직접 가서 다른 외국어보다 먼저 정복해 보자는 마음이었다. 마지막으로 호주에서 영어 습득의 목표를 이루어낸 것처럼 새로운 언어 정복에 대한 자신감이 있었다. 한 마디로 프랑스는 나에게 새로운 도전이자 나의 선택이었다. 그때 마침 <미드나잇 인 파리>라는 영화가 상영하는 중이었고, 프랑스와 관련된 영화이기 때문에 관심이 생겨 영화관에 찾아갔다. 그전에 나는 파리와 관련된 영화는 쳐다보지도 않을 만큼 관심이 없었는데 이 영화를 본 후 파리에 대해 동경하는 마음을 갖게 되었다.

이 영화에서 등장하는 미국인 '길'은 파리에 대한 예찬을 한다.

"정말 끝내준다! 여기 좀 봐! 이런 도시는 어디에도 없어. 과거에도 없었고."

"마음만큼 자주 못 오는 게 안타까운 거지. 비올 땐 또 얼마나 아름다운지 알아? 1920년대 비 오는 파리를 상상해 봐. 비에 젖은 예술들과 작가들을."

영화에서 그는 '타임머신' 역할을 하는 클래식 푸조를 타고 당대 유명했던 예술가들을 만나기 위해 시간여행을 한다. 영화에서 등장하는 예술가들의 이름은 우리가 지금껏 살면서 한 번쯤은 들어봤던 이름이다. 그는 시간 여행을 하며 헤밍웨이, 스콧 피츠제럴드, 거트루드 스타인, 피카소, 살바도르 달리, 고갱을 만나 대화를 나누고 함께 시간을 보낸다. 영화를 보며 나도 감정 이입이 되어서 마치 나도 그들을 만난 것 같은 느낌도 들었다. 이 영화를 본 후, 파리에 대한 환상이 생겼다. 당대 유명했던 천재 예술인, 작가들이 머물렀던 파리에 가서 그들이 생활했던 곳을 누비며 프랑스어를 사용하고 싶었졌다. 생각만 해도 짜릿했다. 나도 그들처럼 파리에 살면서 영감을 받고 싶었던 것 같다. 내가 파리에 가야만 하는 이유가 하나 더 추가된 셈이었다. 그 이후 나는 프랑스에 대한 것들을 찾아 공부하기 시작했고, 파리는 알면 알수록 매력적인 곳이었다.

프랑스는 90일 동안 비자 없이 머무를 수 있는 국가다. 그 이상을 머물게 되면 비자가 필요한데 나에게는 워킹홀리데이 비자와 학생 비자 이렇게 두 가지 선택 사항이 있었다. 워킹홀리데이는 최대 1년까지 머무를 수 있고, 그 이상을 원하면 학생 비자가 더 나은 선택이었다. 나는 체류 기간이 확실치 않아 학생 비자를 선택했다. 학생 비자를 신청하기 위해서는 10개가 넘는 항목이 충족돼야만 했다. 동기서를 작성하고 면접을 거쳐야 했고, 프랑스 보증인이 필요했고, 금전적인 증명도 해야 했다. 이때부터 프랑스의 복잡하고 까다로운 행정 업무가 시작된 것이다. 이 문제는 프랑스에 살고 있는 모든 유학생들이 겪는 어려움이다. 도착 후에도 비자를 갱신해야 하는 시기가 다가오면 온갖 서류들을 준비해서 지정된 시간에 가야만 했는데, 서류에 작은 문제라도 있으면 다시 예약을 잡고 찾아가야 하고, 조금이라도 예약 시간에 늦으면 다시 예약을 하고 찾아가야 했다. "빨리, 빨리"를 외치는 우리나라 문화와는 차이가 있었다.

결국 나는 우여곡절 끝에 학생 비자를 받은 후, 프랑스로 떠났고 영화 <미드나잇 인 파리> 에서처럼 타임머신을 타고 파리에서 예술가들이 지나다니던 거리를 거닐었고, 그들이 사용했던 프랑스어를 구사하며 영화 속의 주인공처럼 시간을 보냈다. 내가 선택한 파리의 삶은 내가 기대한 그 이상이었고, 다른 곳에서는 느끼지 못한 행복을 느꼈다. 그때 어렵게 결정했던 선택이 지금은 후회 없는 선택으로 남아있을 만큼 파리는 살면서 한번 꼭 살아봐야 하는 도시라는 생각이 든다.

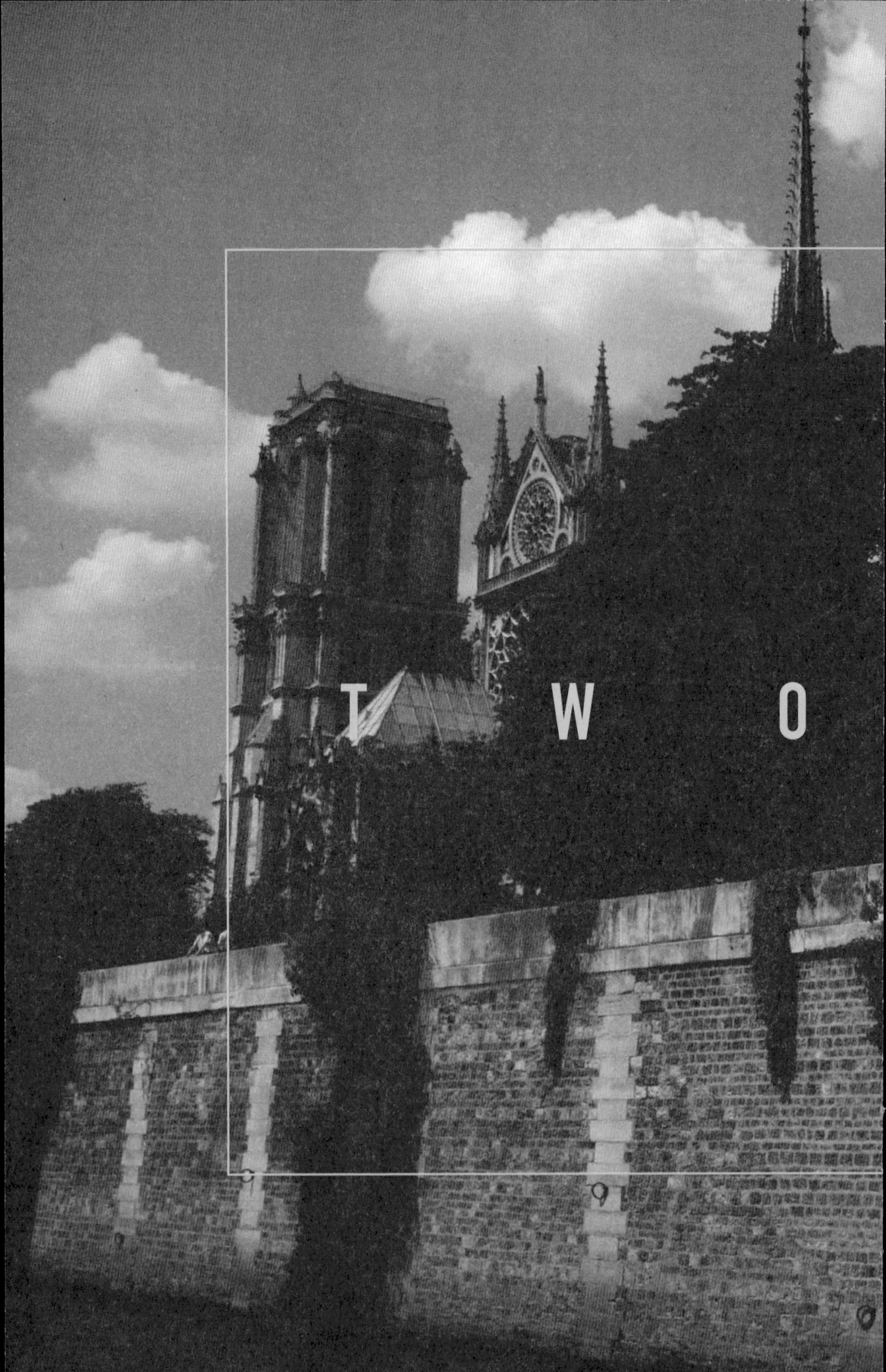

T W O

파리에서 스타벅스 면접에 도전하다

에펠탑과 사랑에 빠지다

'Bonjour, Paris!' 안녕 파리!

'Bienvenu en France!' 프랑스에 온 것을 환영해!

2012년 12월 겨울, 파리 샤를드골 공항에 도착했다. 첫 유럽 땅, 그리고 프랑스라는 나라에 내가 있었다. 태어나 처음 밟아보는 유럽 땅이었다. 내 인생 첫 해외여행은 군대를 전역한 뒤 친구와 아르바이트를 해서 모은 돈으로 갔던 일본이다. 태어나 처음 비행기를 타고 도착한 도쿄는 너무 신선하고 모든 것이 즐거웠다. 나는 아직도 도쿄 특유의 향을 기억하고, 그때의 첫 느낌을 잊을 수 없다. 그리고 나는 '외국에서 꼭 한번 살아보고 싶다'라는 생각을 했다.

그 이후 낯선 곳으로의 여행은 언제나 새롭고 가슴 떨리는 즐거운 일이 되었다. 일본에 도착해서 느꼈던 그 감정이 아직도 생생한 것처럼, 파리에 처음 도착했을 때의 그 느낌은 아직까지 잊을 수 없다. 내게 파리의 첫 느낌은 낯설고 두려웠다. 그리고 내가 파리에 와 있다는 것이 실감 나지 않았다. 숙소로 가기 위해 공항에 도착해서 메트로를 탔는데 시설이 생각보다 좋지 않았고 지저분하기까지 했다. 메트로 내부에서 흡연을 하는 사람, 대형견을 끌고 아무렇지 않게 타고 내리는 사람들을 보면서 '내가 상상했던 그 로맨틱한 파리가 맞나?'라는 생각도 하게 되었다.

내가 이곳에 도착했을 때는 저녁시간이었는데 직감적으로 파리 날씨의 특징을 느낄 수 있었다. 일단 어둡고, 비가 부슬부슬 내리고 있었는데 파리는 겨울이 되면 해가 뜨는 날보다 비나 눈이 오는 날이 더 많았다. 그리고 생각보다 추웠다. 나는 이곳의 기후를 생각하지 못하고 따뜻한 옷을 챙겨오지 않았었다. 단순히 영하로 떨어지는 날이 많지 않다고 생각했는데 바람이 부니 체감온도는 더 떨어졌다.

프랑스에 도착하고 얼마 지나지 않아 크리스마스였다. 크리스마스는 프랑스어로 '노엘Noël'이라고 한다. 프랑스의 노엘은 중요한 날이다. 1년 중 가장 큰 명절이라고 할 수 있는데, 온 가족이 모여 음식을 만들어 먹고 선물을 주고받으며, 하루 종일 함께 시간을 보낸다. 그리고 만약 이성친구가 있다면 서로의 가족을 만나 시간을 보내는 것을 당연하다고 생각한다. 나 또한 파리의 분위기도 제대로 느껴보지 못한 채, 바로 여자 친구의 가족이 머무는 남부 지방으로 떠났다.

프랑스 국가 내에서 보통 이동을 할 때 기차를 이용하는데 우리나라 KTX의 기술의 원천이자 아버지격인 TGVTrain a Grande Vitesse 기차를 이용한다. 나는 기차를 타고 가면서 내가 '유럽이란 땅에 있구나'하고 비로소 실감할 수 있었다. 정말 다양한 사람들을 볼 수 있었다. 그리고 그들 사이에 아시아인은 나 혼자였다. 새롭고 낯선 분위기를 좋아하는 나는 기분이 묘하면서 신기하기까지 했다.

기차를 탄 지 몇 시간이 흐르고 나니, 남부 지방에 도착하였는데 'Toulon뚤롱'이라는 도시였다. 일단 남부 지방은 파리와는 다르게 조용한 분위기였다. 그러나 아시아인은 눈에 잘 띄지 않다 보니 나를 바라보는 사람들의 시선이 느껴졌다. 드디어 여자 친구의 프랑스 가족들을 만나게 되었고 함께 즐거운 시간을 보냈다. 그녀의 가족들은 영어를 하지 못하고 프랑스어만 할 줄 알았기 때문에 우리의 대화는 모두 프랑스어로만 이루어졌다. 나는 그때까지만 해도 프랑스어는 간단한 문장과 단어들만 알고 있을 터라 대화를 하기에는 무리였다. 그들과 시간을 함께 보낼수록 답답한 마음이 들었다. 그때 나는 언젠가는 프랑스어를 정복해서 이들과 자유롭게 이야기를 나누어야겠다는 결심을 하게 되었다.

첫 프랑스 남부 지방의 이미지는 평화로웠다. 남부 지방은 주로 해변가 근처에 작은 도시들이 있는데 내가 머물렀던 동네도 집에서 걸어서 갈 수 있을 정도로 가까운 곳에 바다가 있었다. 내 인생 처음 보는 지중해였다. 바다를 좋아하는 나는 며칠간 바다 근처에 머물 수 있다는 것만으로도 어린아이처럼 기쁘기만 했다. 건물들은 어찌 그렇게 알록달록한지 사진을 좋아하는 나는 계속해서 카메라 셔터를 눌렀다. 어느덧 시간이 흘러 노엘이 다가왔고 가족들을 만나 시간을 보냈다. 같이 음식을 만들어 먹고 시간을 보냈는데 하루 종일 웃으며 대화 나누는 것을 보며 우리나라와 비교가 되었다. 가족 간에 많은 대화를 나누며 오랜 시간을 같이 보낸다는 느낌이 참 좋았기 때문이다.

더욱 인상 깊었던 것은 프랑스는 식사를 할 때 기본 2시간에서 3시간 동안 말을 한다는 사실이었다. 덕분에 프랑스 가정 요리를 먹으며 다양한 와인과 치즈를 맛볼 수 있는 기회가 되었다. 나는 어디를 가든 새로운 음식에 대한 거부감 없이 잘 적응을 하기 때문에 새로운 문화와 분위기를 접하는데 좋은 기회였다. 그리고 프랑스의 노엘을 체험할 수 있어서 감사했다. 그렇게 파리의 분위기를 느끼기 전에 먼저 프랑스 남부 지방에서 따뜻한 시간을 보냈다.

파리의 첫인상은 한마디로 어두웠다. 따뜻한 옷을 가져오지 않아 일단 내 몸은 추웠고, 해가 뜨지 않아 기분도 가라앉았다. 특히 난방 시설이 잘되어 있는 우리나라에 비해 프랑스는 실내가 생각보다 추웠고, 집안에 있을 때 옷을 껴입고 있지 않으면 추웠다. 그리고 무엇보다 프랑스어를 잘하지 못해서 그들이 하는 대화를 이해할 수 없었기 때문에 모든 것이 낯설게만 느껴졌다. 지금 생각해보면 그 당시 내 프랑스어 실력은 정말 어느 대화에 껴서 전혀 대화를 나눌 수 없는 상태였고 상대방이 하는 말을 전혀 알아들을 수 없었다.

나는 파리에 여행을 하러 온 것이 아닌, 꽤 오랜 기간 동안 살기 위해 왔기 때문에 처음부터 파리의 유명 장소들을 돌아다니지 않았다. 그래서 맛집, 관광지에 대한 검색을 하지 않았다. 나에게 파리는 여행지가 아닌 내 삶의 일부분이었고, 초기 적응을 하고 언어 공부를 시작하기에도 바빴다. 오로지 내 머릿속에는 '프랑스어를 어떻게 정복해야 하나, 어떻게 하면 잘할 수 있을까'라는 생각으로 꽉 차 있었다. 먼저 언어를 어느 정도 할 수 있을 때 파리 생활을 즐기고 싶었다.

파리에 도착한 후에 당장 일상생활에서 해결해야 하는 것 중에 하나가 끼니 문제였다. 나도 계속 밖에서 음식을 사먹을 수 있는 형편이 아니었기 때문에 집 근처 마트에서 장을 보기 시작했다. 파리의 마트는 한국과 별반 다른 게 없었다. 그런데 마트로 들어가자마자 바게트 빵부터 시작해서 다양한 빵들을 판매하는 코너를 보며 왜 빵의 본고장이 프랑스인지 다시 한 번 느낄 수 있었다. 기본적인 식료품들은 프랑스 마트에서 구매했다. 파리에는 한국 마트를 쉽게 찾을 수 있는데 그중 파리 오페라 근처에 가면 케이마트K-mart라고 제일 유명한 마트가 있어 김치, 라면과 같은 식품을 구매할 수 있었다.

도착하고 며칠 지나지 않은 어느 저녁이었다. 파리에 와서 제일 가보고 싶은 곳이 있었는데, 그날 저녁 내 발걸음은 에펠탑으로 향하고 있었다. 내가 프랑스어를 접하게 된 계기가 프랑스 문화나 프랑스와 관련된 어떤 특정한 것을 좋아해서 시작한 경우가 아니기 때문에 막연하게 프랑스를 동경하는 마음은 없었다. 오히려 나는 프랑스어를 공부하기 시작하면서 프랑스의 문화와 파리에 대한 관심이 생겼고, 지금은 내가 사랑하는 도시 중에 하나가 되었다. 나만큼 여행을 좋아하는 동생이 먼저 유럽여행을 하며 파리에 갔다 왔고 사진으로만 봤었다.

사진으로 보았을 때는 나도 언젠가는 꼭 유럽여행을 해야겠다는 생각과 파리에 가서 에펠탑을 보고 싶다는 생각을 했었다. 에펠탑을 처음 본 순간 나는 내가 '진짜 프랑스 파리에 있구나'라고 실감할 수 있었고, 깜깜한 밤에 바라본 노란색 빛을 뿜어내는 에펠탑을 보고 입을 다물지 못했다. 나중에 깨달은 것이지만 많은 사람들이 외국에서 한 번은 살고 싶어 하는 그곳이 파리였다. 비록 그 당시에는 유학생 신분으로 파리에서의 모든 생활을 즐기지는 못했지만 무엇보다 내 감성만큼은 내 인생 최고였다.

나는 에펠탑을 본 순간 내가 처음 파리에 도착해서 느꼈던 어두운 감정이 눈 녹듯 사라졌고 앞으로의 생활에 대한 기대감으로 부풀어 올랐다. 에펠탑 하나로 파리에 대한 내 희망이 활짝 피게 된 순간이었다.

파리 어학교에서 프랑스어 재미에 푹 빠지다

작가 알퐁스 도데는 자신의 작품 《마지막 수업》에서 ‘프랑스어는 세계에서 가장 아름답고 가장 정확한 말’이라고 이야기한다. 내가 한국에서 프랑스어를 접한 지 6개월 정도 되었을 때 프랑스로 떠났다. 그전에는 프랑스 알파벳 ‘A, B, C, D’를 어떻게 읽는지조차 몰랐다. 그나마 영어를 알았기 때문에 알파벳을 보는데 거부감은 없었다. 그런데 문제는 발음이었고 듣기였다. 프랑스어가 어려운 이유 중에 하나가 연음이 많다는 것이다. 연음이란 예를 들어 ‘Je suis allé à Paris’나는 파리에 갔다라는 문장이 있다면 연음이 없이 발음을 하면 ‘쥬쒸알레아빠히’라고 해야 하지만 연음과 함께 발음을 하면 [쥬쒸잘레아빠히]와 같이 소리가 난다는 것이다. 즉, 자음과 모음이 만나게 되면 따로 발음을 하는 것이 아니라 연달아 발음을 해서 [z] 발음이 난다. 그런데 여기서 문제는 상황과 문체에 따라 자음과 모음이 연결되어 있어도 연음이 되는 경우도 있고 연음을 하지 않고 발음을 하는 경우도 있다는 것이었다.

아직도 기억이 나는 충격적인 일이 있었다. 프랑스를 떠나기 전 프랑스 교재에 포함되어 있는 듣기 파일을 들어봤는데 정말 하나도 들리지 않았다. 그러고 나서 내가 이런 상태로 어떻게 프랑스 생활을 할 수 있을지에 대해 걱정이 들었다. 어떻게 그렇게 발음을 하는지 전혀 이해가 되지 않는 상태였기 때문에 듣기는 너무 어려웠다. 나중에 확인해 보니, 그 이유는 내가 알고 있던 발음들은 주어 동사, 연음으로 인해서 전혀 다른 발음으로 소리가 났던 것이다.

그 당시에는 내가 듣고 이해하기 위해서는 연음을 다 외워야 된다고 생각했다. 그러나 공부를 해 보니 잘못된 생각이었고 듣고 이해하기 위해서는 많이 듣고 말해 보는 방법밖에는 없었다. 만약 한국에 있었다면 접하기 쉽지 않은 언어라는 특성상 빠른 시간 내에 실력이 향상되기 어려웠을 텐데 어디를 가든 프랑스어를 접할 수 있어서 최대한 많이 듣고 말하려고 노력했다.

내가 파리로 떠났을 당시 내 프랑스어 수준은 듣기가 안 되는 상태였다. 이 수준으로 파리 1구에 위치한 오페라 근처 AAA 어학원으로 처음 수업을 나갔다. 파리 지도를 보면 시계 방향으로 1구를 중심으로 20구까지 형성되어 있는데 내가 등록한 학원은 파리의 중심가였다. 학원 근처는 쇼핑거리와 함께 일본식 식당이 둘러싸여 있어서 아시아인들이 유독 많이 눈에 띄었다. 그리고 한국 사람들에게 중요한 한국 마트인 K-마트가 존재하는 곳이었다.

마음이 설렜다. 마치 학창시절로 다시 돌아가서 신입생인 신분으로 선생님과 새로운 친구들을 만난다는 기분에 마음이 들떴다. 프랑스 어학교를 가면 보통 레벨은 단계별로 A0부터 A1, A2, B1, B2 그리고 C1까지 이뤄지는데 각각의 레벨 사이에 더 세분화되어 반들이 존재했다. 기본은 떼고 온 상태였기 때문에 아주 쌩 기초부터 시작하지는 않았기 때문에 이 부분은 참 다행이라고 생각했다. 나 같은 경우는 처음 레벨 테스트 후, 배정받은 반은 A2[아두]였다. A0, A1을 건너뛰고 시작했다. 외국에 나가서 언어를 공부할 때, 기본은 하고 오는 게 시간도 절약할 수 있고, 배우는 속도도 더 빠르게 할 수 있다고 생각한다.

첫 수업이 시작되자 각자 자기소개를 했다. "Bonjour! je suis coréen et j'ai 29ans et j'habite à Paris. Enchanté!"안녕하세요! 저는 한국인입니다. 나이는 29살이고, 파리에 살고 있습니다. 만나서 반갑습니다!

기본적인 자기소개는 한국에서 공부해서 내가 알고 있는 표현에 한해서 할 수 있는 상태였다. 우리 반은 한국인을 포함하여 중국인, 일본인이 있었다. 그런데 그들 중에는 이미 파리에 산 지 몇 개월이 지난 학생들도 있었다. 그들과 한 반에서 공부를 하면서 나는 오기 전 기본 공부를 하고 오기를 참 잘했다고 다시 한 번 느꼈다.

문제는 수업이 시작하고 나서부터였다. 선생님이 프랑스 원어민이다 보니, 프랑스어로 수업을 진행했는데 정말 하나도 들리지 않았다. 근데 신기하게도 선생님이 하는 말을 다 알아듣고 싶은 욕구가 샘솟았다. 그때부터 무슨 말인지는 몰라도 집중해서 이해하려고 노력했고, 수업 후에 외국인 친구들과도 프랑스어로 대화하려고 노력했다. 그러나 그때는 그들과 프랑스어로 대화하기에는 무리였다. 결국 서로 답답한 나머지 영어로 대화하기도 했다. 그렇게 해서 매일 아침마다 프랑스어 수업을 들었다. 수업이 끝난 후에는 도서관에 가서 배웠던 것을 복습하며 최대한 프랑스어를 많이 접하기 위해 노력했다.

프랑스에 갈 때 초기 정착금 400만 원 정도 들고 갔기 때문에 계속 학교만 다니면서 프랑스어를 배울 수는 없었다. 최대한 빠른 시일 내에 일자리를 구해야 하는 상황이었다. 그래서 초기 프랑스 생활은 언어에 집중했다. 그런데 정말 신기하게도 계속 매일같이 프랑스어를 쓰려고 노력하다 보니, 안 들리던 말들도 들리고 간단한 대화도 가능해졌다. 새로운 것을 배우는 재미가 계속 커진 것이다. 나는 그렇게 공부하면서 더 많은 것을 빨리 배워서 더 다양한 말을 하고 싶었다. 그러기 위해선 동사 변형부터 시작해서 문법적으로 알아야 하는 것이 많았다. 보통 학원에서 새로운 반에 올라가기 위해서는 한 달에 한 번씩 테스트를 봐야 했다. 테스트를 거쳐서 통과를 하면 그다음 레벨로 올라가는 시스템이었다.

즉, 그 다음 레벨로 올라가지 못한다면 다시 들었던 수업을 재수강해야 했고, 새로운 문법이나 표현을 배울 수가 없었다. 내가 공부하는 프랑스어는 생존 언어였다. 꼭 프랑스어를 구사할 줄 알아야 일을 구하고 살아갈 수 있었다. 그렇지 않다면 나머지 생활은 포기하고 한국으로 귀국해야 했다.

프랑스에서 공부하는 동안 운이 좋게 아드리앙이라는 선생님을 만났다. 나중에 알고 보니 나와 그는 동갑이었다. 수업을 들어보니 수업 방식이 정말 마음에 들었다. 일상생활에서 필요한 표현들 위주로 알려줄 뿐만 아니라 수업 스타일이 나와 맞았다. 그는 유용한 프랑스어, 생활 프랑스어를 알려주었는데 그것이 내게 너무 큰 도움이 되었고, 그때부터 선생님이 하는 말을 잘 들리지 않아도 최대한 듣고 바로 쓰려고 노력했다. 학교가 끝나면 도서관에 가기도 하고 친구들을 만나 내가 배웠던 표현들을 쓰려고 노력해 보는 것이었다.

사실 아드리앙 선생님의 수업을 계속해서 듣는 것은 쉬운 일이 아니었다. 왜냐하면 내가 그 당시 수강하고 있던 수업보다 레벨이 한 단계 높았기 때문이었다. 그래서 그때부터 어떻게 해서든 이 수업을 들어야겠다고 마음을 먹었고 그에게 부탁을 하여 나의 프랑스어 실력을 테스트 받고 어렵게 들어갈 수 있었다. 그 이후로는 내 태도 역시 더욱 열정적으로 바뀌었다.

지금 생각해 보면 배움에 대한 열정이 있었기 때문에 남들보다 빠른 속도로 프랑스어를 잘할 수 있었던 것 같다. 그 당시 프랑스어를 배우는 나의 목적은 학원에서 가르쳐 주기를 기다리며 학원 수료가 아니었다. 나는 가능한 한 빨리 새로운 표현과 문법을 내 것으로 만들어 자유롭게 프랑스인들과 대화를 하고 싶었다. 그래서 배우는 태도가 좀 더 적극적이고 열정이 타올랐던 것이다. 이 경험을 통해서 무언가를 배울 때 이러한 목적과 태도가 확실하고 열정적이어야 한다는 것을 배우게 되었다. 물론 이 깨달음은 언어의 배움 말고도 우리 삶의 모든 영역에 적용된다고 생각한다.

인생을 살면서 당신은 어제 가장 희열을 느낀다고 생각하는가? 답은 여러 가지가 될 수 있겠지만 나는 몰랐던 것을 깨달았을 때 느끼는 배움의 즐거움이라고 생각한다. 인간의 쾌락은 경제학에서 말하는 '한계 효용 법칙'에 따라 여러 번 체감하다 보면 언젠가는 쾌락을 느끼기 어렵다고 한다. 그러나 무언가를 깨달았을 때, '아하!'하는 이 순간만큼은 언제나 희열을 느낄 수 있다고 한다.

나는 그 대표적인 예로 외국어 공부를 들고 싶다. 그 이유는 몰랐던 것을 배우는 즐거움과 배운 것을 바로 사용해 볼 수 있는 이점이 있다는 것이다. 나는 파리에서 그 재미에 푹 빠져 프랑스어에 더 깊이 빠져들었다. 당신도 '아하!'하는 이 쾌감을 느끼기 위해 도전해 보았으면 좋겠다.

영화 속 주인공처럼 살다

사람은 적응의 동물이라고 했다. 여러 국가에 거주하며 여행을 하다 보니 어느 나라를 가든 시간이 지나면 적응을 하는 나를 발견하게 되었다. 가끔은 이러한 내 삶의 방식도 습관이 되어서 한 곳에 오래 정착하다 보면 나도 모르게 내가 가보지 않은 도시나 국가에 가보고 싶은 생각이 강하게 들었다. 지금은 계속 해외에 나가다 보니 주변에서는 '역마살이 끼었다'라고 우스갯소리로 말하는 친구들도 있다. 예전에는 역마살이라는 것이 부정적인 시선이었지만 지금은 자유롭게 잘산다는 의미로 표현하는 것 같다.

물론 어느 누구의 인생도 다 제각각 의미가 있고 특별하기에 어떤 것이 더 좋고 낫다고 이야기할 수 없을 것이다. 종종 주변에서 "한번 해외에 나가는 게 어렵지, 한번 다녀오면 그 이후에는 쉬워."라는 말을 듣게 된다. 인간은 처음에 시도하는 것이 어렵지 그것에 적응하다

보면 언제 그랬냐는 듯이 아무렇지 않게 그 다음 단계를 밟아 나가는 것을 보게 된다. 그리고 열 번 할 고민을 한두 번 만에 끝내게 된다. 지금 생각해보면 나도 이렇게 해외에 자주 나가는 삶을 살게 되리라고 상상조차 하지 못했고, 처음 호주로 떠난 그 선택이 내 인생에 가장 큰 영향을 주지 않았나 싶다.

프랑스에 도착한 후, 내 파리의 일상이 자연스럽게 시작되었지만 적응하는 시간이 필요했다. 여행하러 온 것이 아닌 내 인생의 일부분인 삶을 살기 위해 떠났기 때문에 나의 첫 파리 생활은 생존에 집중했다. 무엇보다 언어를 정복해야 일도 하고 내가 꿈꿨던 파리지앵들과 수다도 떨 수 있었기 때문에 많은 시간을 프랑스어를 익히는 데 집중했다.

수업을 열심히 들으면 들을수록 일단 학교에서 듣는 것만으로는 부족하다고 느껴 그룹스터디 모임을 찾았다. 그 당시에 프랑스 여자 친구의 도움으로 원어민과 함께 프랑스어를 공부하자는 취지로 소수의 사람들을 모았고 이탈리아인 남자와 그리스인 여자로부터 연락을 받고 그룹 스터디를 시작하게 되었다. 그렇게 첫 모임이 시작되었다. 이탈리아 친구는 프랑스어를 잘하진 못했지만 그리스 친구는 프랑스어를 꽤 잘하는 수준이었다. 초보인 나에게는 도움이 많이 될 것이라고 생각했다. 그렇게 우리는 매주 한 번씩 만나며 프랑스어로 대화도 나누고, 신문기사도 읽으며 각자의 생각을 듣고 말하며, 정해진 시간 동안 프랑스어를 쓰며 시간을 보냈다. 덕분에 우리는 가까운 친구 사이가 되어 주말에는 파리 교외 지역으로 여행을 하기도 했다. 프랑스에 적응하며 외국인 친구들을 사귀게 되고, 서로 프랑스어가 잘되지 않아 애를 먹긴 했어도 시간이 지나면서 점차 프랑스어가 늘어 소통하는 데 무리가 없게 되었다. 그들과 함께 수업 시간에 배운 표현들을 활용하며 이야기 나누는 일이 정말 즐거웠다.

나는 낯선 땅 호주를 처음 밟았던 그때를 생각하며 생존하기 위해 내가 했던 노력들을 생각했다. 또한 프랑스 파리에서의 더 나은 유학 생활을 보내기 위해 내가 찾았던 방법을 실천하기 위해 노력했고 더 좋은 방안들이 있는지 계속 탐구했다. 그중 처음 외국어를 공부하기 위해 좋은 방법이 되었던 것은 원어민과의 대화보다는 비슷하거나 조금 더 나은 외국인 친구들과의 소통이었다. 그들과 시간을 보내며 프랑스어를 사용한 것이 지치지 않고 공부할 수 있는 원동력이 되었다.

파리에 적응하며 프랑스어로 간단한 대화를 할 수 있었을 때쯤, 나는 파리 시내 이곳저곳을 걸어 다녔다. 좋았던 점은 건축물이 하나같이 다 예술작품처럼 느껴졌고, 어느 길을 걷더라도 마치 영화 속 주인공이 된 듯한 기분이 들었다. 사진을 찍어도 모두 분위기 있게 연출이 되었기 때문에 나에게는 최고의 도시였다. 특히 센 강 주변을 거닐며 산책을 할 때는 정말 운치가 있었고, 낮과 밤 모두 다른 분위기가 느껴져 매력적이었다.

파리에 사는 젊은 친구들은 날씨가 좋은 저녁 주로 친구들을 만나 식사를 하고, 와인 한 잔을 하며 시간을 보낸다. 프랑스 하면 와인으로도 유명하지 않은가? 그들은 저녁시간이 되면 센 강, 에펠탑과 같은 장소로 모여 친구들과 시간을 보낸다. 내가 파리에 가면 꼭 해보라고 추천하는 것 중에 하나다. 바로, 센 강에서 파리지앵들과 어울려 와인 한 병을 마셔보라는 것이다. 와인은 근처 마트에서 구입할 수 있는데 가격도 저렴하기 때문에 부담 갖을 필요는 없다. 한 병 정도 마트에서 구매해 간단한 피크닉을 하는 것이다. 심지어 와인 가격도 저렴하다. 한 병에 3유로에서 20유로 정도의 금액이 일반적인데 굳이 비싼 와인을 마실 필요가 없다면 5유로에서 10유로짜리 와인을 구매하면 된다. 무난하게 보르도Bordeaux 와인을 구입하면 실패하지 않을 것이다.

지금도 친구들과 센 강에서 와인을 마시며 시간을 보내던 그때가 생각이 많이 난다. 날씨 좋은 저녁, 노란 불빛이 내리쬐는 센 강 주변 파리의 멋진 건축물들을 배경으로 프랑스어로 대화하며, 와인 한 잔을 할 때면 스트레스와 고민이 한 번에 해결되며 기분이 들었다.

프랑스의 수도 파리의 크기는 서울의 면적보다 작지만 걸어서 모든 곳을 다 둘러보기에는 무리가 있다. 하지만 개선문, 에펠탑 근처의 유명 장소들은 걸어서도 가능하다. 파리의 건축물은 보고만 있어도 흐뭇하고, 작은 골목마다 개성 있는 숍들이 줄지어 있어서 목적지 없이 그냥 걸어 다녀도 재미를 느낄 수 있다. 나는 걷는 것을 좋아하기 때문에 가끔 정처 없이 걷다가 카페 테라스에 앉아 카피 한잔을 하며 사람들을 보며 시간을 보냈다.

생각해 보면 참 다행인 것은 내가 활동적인 성향을 가진 사람이라는 것이다. 그래서 나는 시간이 나면 내가 이전에 보지 못했던 것을 발견하고 싶어 돌아다녔고, 여러 사람들과 시간을 보냈다. 내가 해외

여행을 좋아하는 이유 중 하나다. 여행의 묘미는 내가 더 활발해지고, 부지런해지는 느낌이 들기 때문이 아닐까 싶다. 그래서 나는 나도 모르게 이 느낌에 빠져 들어 계속 새로운 목적지로 떠나고 싶어하는 것 같다.

파리는 패션으로 유명한 만큼 쇼핑의 천국이다. 특히 일 년에 두 번 있는 세일 기간에는 대부분의 매장들이 50%부터 시작해서 시간이 지날수록 70% 또는 80%까지 할인하기도 한다. 그래서 만약 이 기간에 사이즈가 남아 있다면 득템을 할 수 있는 기회도 있다. 나는 수업을 마치고 어학교 근처에 있는 매장들을 돌아다니며 쇼핑을 하며 시간을 보내기도 했다. 어떤 사람들은 이 세일 기간에 유명 브랜드의 상품을 사기 위해 아침 일찍 가서 줄을 서 있는 경우도 있다고 한다. 미국의 블랙 프라이데이와 매우 흡사하다고 보면 된다. 파리의 겨울 날씨를 잘 모르고 따뜻한 옷들을 가져가지 않았던 나는 이 세일 기간을 이용해서 쇼핑을 했다.

파리 생활을 하며 가끔 밖에서 친구들을 만나 식사를 하기도 했지만 주로 저녁은 집에서 만들어 먹었다. 호주에 살면서도 간단한 요리를 만들어 먹던 습관이 있었기 때문에 파리에서도 어렵지 않았다. 마트에는 한국보다 더 다양한 과일과 야채 그리고 육류를 판매하고 있었고 빵의 본고장답게 빵 코너도 훌륭했다. 주로 아침 식사는 식빵에 잼, 크루아상, 시리얼 정도를 먹었고, 점심은 학교를 다니며 샌드위치를 직접 만들어서 다니거나 가끔 저녁에 요리한 볶음밥을 싸가지고 다녔다. 주로 내가 저녁에 요리해서 먹었던 음식은 웬만한 유학생들이 공감할 수 있는 음식으로 파스타, 된장찌개, 카레, 볶음밥 종류를 해 먹었고, 가끔 스테이크나, 마트에서 파는 냉동식 고기를 사서 샐러드와 같이 먹기도 하였다. 이렇게 먹다보면 일주일 식단을 매일 다른 것을 먹을 수 있었고 다양한 과일로 영양 보충을 했다.

나에게 파리는 여행지이자 일상이었고, 살기 위해 최소한의 노동은 해야 했다. 한국에서 가족이랑 같이 살면 집에서 대부분 대신 해주는 경우가 많지만 외국에서는 모든 것을 스스로 해야 했다. 파리는 가정집에 세탁기가 없는 경우가 있는데, 집의 구조나 크기 상 불가능한 경우가 있기 때문이다. 그래서 'Laverie세탁소'라고 하는 자동 세탁기와 건조기가 설치되어 있는 곳을 찾아야 하는데 파리에서는 흔하게 찾아볼 수 있다. 파리지앵들에게는 삶의 일부분이라 이곳에서 벌어지는 에피소드도 많다. 실제로 내가 처음 프랑스어를 공부하며 즐겨보던 프랑스 성인시트콤 〈Un gars, une fille〉에서는 세탁소에서 벌어지는 재미있는 상황들을 볼 수 있다. 추운 겨울에도 빨래를 가지고 직접 밖에 나가서 세탁기를 돌리고, 건조기까지 돌리면 하루가 다 흘러가기 때문에 사실 여간 귀찮았던 게 아니다. 역시 파리도 사람 사는 곳이었고, 아름다운 도시의 이면에는 불편함도 같이 공존하고 있었다.

파리지앵처럼 스타벅스 면접에 도전하다

프랑스에 도착한 지 5개월이 흐르자 서서히 내가 가져갔던 돈은 바닥을 보이기 시작했다. 일자리를 구해야만 했다. 프랑스에 살기 시작한 초기에는 프랑스어를 배우는 데 집중했다면 이제는 본격적으로 경제 활동을 하며 실제 파리지앵 삶으로 들어가 그들과 같은 삶을 살아야 했다. 잠깐 여행을 하고 지나가는 순간이 아닌 진짜 내 삶을 살아야 했던 것이다. 처음 갔던 럭셔리한 오페라 거리, 마레 지구, 에펠탑, 개선문들은 이젠 나에게 신기하고 대단한 대상이 아닌 내 삶의 일부가 되어 버렸으니 본격적으로 삶의 터전을 닦을 때가 된 것이다. 여행을 하다 보면 더 부지런하게 많은 것을 보기 위해 분주하게 움직일 때가 많다. 그것에 반해 어딘가에 정착해 산다는 것은 사람을 안주하게 만들기 때문에 나는 항상 '여행한다는 마음으로 어디를 가든 부지런하게 살자'라는 생각을 한다.

대부분의 사람들은 새로운 것이 어느덧 일상이 되고 그것이 반복될 때 안주하려고 한다. 끊임없이 새로운 것을 배우고 익히는 것이 쉽지 않기 때문이다. 물론 그 순간에는 그것이 최선의 길인 것처럼 생각이 들 때도 있지만 그것이 지속이 되면 어느새 발전 없는 삶과 일맥상통한다고 생각한다. 그래서 나는 안정된 삶에서 벗어나 변화를 주는 여행은 꼭 필요한 것 같다.

호주에서는 걸어 다니며 직접 이력서를 돌렸지만 프랑스에서는 한국처럼 인터넷으로 구직활동을 했다. 프랑스에 가기 전 호주에서의 경험과 한국에서 했던 다양한 아르바이트 덕분에 프랑스에서 어떠한 일을 해도 잘할 수 있을 것이라는 자신감이 있었다. 드디어 프랑스에서의 첫 구직 활동이 시작되었다. 내게 눈에 들어온 일자리가 있었는데 그것은 바로 스타벅스 바리스타 자리였다. 카페에서의 일 경험은 없지만 다양한 아르바이트 경험을 토대로 도전하고 싶었다. 그동안 커피를 만들어 보지도 않았지만 한번 해 보고 싶은 마음으로 지원하였고 연락을 기다렸다.

다행히 며칠이 지나자 시간과 장소에 대한 내용과 함께 면접을 보러 방문하라는 메일이 왔다. 위치는 내가 좋아하는 노트르담 성당이 위치한 생미셸Saint-Michel이었다. 찾아보니 그곳에는 스타벅스 매장이 2개가 있었고, 그중 한 곳으로부터 연락이 온 것이다. 면접 날짜와 시간, 장소를 통보받았지만 내게 한 가지 걱정이 있었다. 바로 언어였다. 면접 준비보다 중요한 건 내가 그들이 하는 말을 알아듣고 대답할 수 있는지부터 걱정되었다. 프랑스로 떠나기 전 제일 어렵다고 느꼈던 듣기를 과연 잘할 수 있을까? 모든 것이 경험이라고 생각하고 면접을 보는 그날을 손꼽아 기다렸다. 그날도 평소와 같이 오전에 프랑스어 수업을 듣고 면접 장소로 향했다.

"Bonjour! Je viens pour l'entretien aujourd'hui." 안녕하세요! 오늘 면접 때문에 왔습니다.

"Vous êtes Wonkon?" 원곤 씨인가요?

"Oui!" 네!

면접을 보러 왔다고 하니 매니저는 스타벅스 커피 하나를 주문하라고 하며 무료로 한 잔을 주었다. 나는 간단하게 아메리카노 한 잔을 주문했고, 면접을 기다렸다. 그들은 나를 직원 사무실로 안내해 주었다. 몇 분이 흐르자 곧 프랑스 여자 두 명이 들어왔고, 그들은 웃으며 나를 반겨줬다. 긴장했던 나는 그들의 친절과 미소에 좀 편안해질 수 있었다. 그러나 편안한 기분도 잠시, 그들과의 면접은 바로 시작되었다. 그들은 손에 A4용지 몇 장을 들고 있었다. 그리고 질문을 시작했다. 처음에는 간단한 자기소개부터 시작해서 몇 가지 질문을 했다. 근데 30분이 지나도 인터뷰는 끝나지 않았고 계속해서 질문을 했다. 질문의 수준도 점점 높아졌는데 예를 들어 매장에서 일어날 수 있는 다양한 상황에 대한 이해와 나의 행동에 대한 대답을 요구했다. 질문 개수는 10개가 넘어갔고, 그중 내가 알아듣지 못하는 단어도 몇 개 있었지만 질문의 흐름을 이해하며 대답했다.

나는 외국어를 할 때 중요한 것은 완벽히 알아듣지 못한다 하더라도 문맥의 흐름을 자연스럽게 익히는 것이 필요하다고 생각한다. 모르는 말을 일일이 다 물어본다면 대화가 이어질 수 없기 때문이다. 그러나 중요한 질문인데 이해하지 못했을 때는 재차 되묻기도 하며 질문에 대한 대답을 했다. 질문은 이러했다.

'만약 손님이 주문을 한 뒤, 커피를 받아서 자리로 가던 중 커피를 쏟았다면 어떻게 할 것인가?', '이제 막 영업을 마치려던 참에 손님이 와서 까다로운 주문을 한다면 어떻게 할 것인가?'

지금 생각해 보면 한국말로도 설명하기 쉽지 않은 질문들도 있었던 것 같다. 시간을 확인해보니 2시간 가깝게 시간이 흘렀다. 그렇게 면접은 끝이 났고 연락을 주겠다는 말을 듣고 매장을 나왔다. 사실 나는 면접의 결과보다는 내가 현지인들의 말을 알아듣고 2시간 동안 대화를 했다는 것 자체만으로 너무 뿌듯했다. 마치 내가 드디어 바라고 바라던 파리지앵이 된 것 같은 기분도 들었다. 면접을 보기 전에는 프랑스인과 이야기할 수 있는 기회가 없어서 긴 시간 동안 대화를 할 수 있는지조차 알 수 없었기 때문에 나의 프랑스어 실력을 확인할 수 있던 기회였다. 프랑스에 도착한 지 6개월 만에 이룬 나만의 작은 성취였다.

인터뷰를 마치고 며칠 뒤 매니저로부터 연락을 받았다. 면접을 봤던 자신들의 판단은 합격인데 한 번 더 상급 매니저와의 면접을 봐야 한다는 것이었다. 그렇게 하여 다시 약속 시간을 잡고 같은 장소로 찾아갔다. 이번에는 일대일 면접이었다. 간단한 것에 대해 묻고 답하였다. 이번에도 질문을 듣고 대답하는 것에는 어려움이 없었다. 그렇게 몇 분을 이야기하다가 매니저는 “지금 우리 매장에 사람이 많아 앞에 있는 매장을 소개해 줄테니 그쪽에 가서 한 번 더 면접을 보세요.”라고 말했다.

실제로 바로 맞은편에 스타벅스 매장이 한 개 더 있었고, 나는 흥쾌히 알겠다는 말을 했다. 나에게 선택의 여지란 없었으니 말이다. 나는 바로 그 근처에 위치하고 있는 스타벅스 매장으로 향했다. 나는 세 번째 면접을 위해 내 발길을 바꾸는 중이었던 것이다. 새로운 사람을 만나 그 사람이 내게 호감을 갖게 한다는 것은 쉬운 일은 아니다. 사람은 제 각각 다른 생각과 시선을 갖고 살기 때문이다. 이번에는 또 누구를 만나야 할까? 어떻게 하면 그가 나를 마음에 들게 할까? 생각하며 걸었다. 도착 후, 한 40대쯤 되어 보이는 남자를 만났다. 이번에는 바로 매니저를 만나서 대화를 시작했다. 다시 간단한 내 소개를 했고 대화를 10분 이상 지속했다. 이미 첫 면접 때 까다로운 질문에 대한 답을 해서인지 그러한 질문들은 생략하고 주로 일과 관련되어서 이야기를 하였다. 생각보다 면접 시간은 길지 않았고, 면접은 유쾌하게 끝이 났다.

사실 스타벅스에서 면접을 보기 전 스스로 걱정을 많이 했다. 프랑스어도 잘하지 못하는 상태였고 더군다나 외국인이라는 걸림돌도 있었기 때문이다. 그러나 단지 좋은 기회라고 생각하고 부딪혀보자는 마음으로 모든 순간에 최선을 다했다. 그러나 며칠 뒤 받은 면접 결과에서는 아쉽게도 고배를 마셔야 했다. 면접을 세 번이나 봤기 때문에 기대를 한 것도 있었지만 아쉽게도 떨어진 것이었다. 지금도 내가 떨어진 이유를 정확하게 알 수는 없지만 원어민과 같은 수준의 유창한 프랑스어 실력이 되지 않았기 때문이 아니었나 싶다. 그러나 나는 이 면접으로 인해 프랑스어에 대한 실력을 점검할 수 있었고 비록 떨어졌어도 앞으로 더 잘하고 싶은 결심이 생겼다.

이 좋은 경험을 계기로 나는 현지인들과 프랑스어를 사용할 기회를 더 찾으려 노력했다. 이때를 기점으로 해서 시간이 흘러갈수록 내 프랑스어 실력은 더 빠른 속도로 향상했다. 이때 나는 포기하지 않고 계속 무언가를 행동하며 이어간다면 자신도 모르는 사이 어느 순간 결과가 드러난다는 것을 깨달았다. 이러한 사실을 깨닫기 시작한 것은 내가 기본적인 대화도 할 수 없는 프랑스어 실력을 갖고 파리에 온 지 6개월이 되던 때였다.

프랑스어 칭찬은 나를 춤추게 한다

스타벅스에서 일하지 못한 아쉬움을 뒤로 한 채 일자리를 찾아 부지런히 움직였다. 이미 내가 한국에서 가져온 돈도 바닥을 보이기 시작했던 터라 일자리가 꼭 필요한 상황이었기 때문이다. 그러던 중 프랑스 현지 정보를 나누는 한인 웹 사이트에서 한국인이 운영하는 레스토랑에서 홀 서빙 직원을 구한다는 공지를 보게 되었다. 파리에 위치한 한국식당이기 때문에 손님은 주로 프랑스인이라는 생각이 들어 좋은 기회일 것 같아 면접을 보기로 했다.

파리에는 한국 식당이 꽤 많다. 그 이유 중에 하나는 프랑스인들은 아시아 음식을 대체적으로 좋아한다. 파리 중심부의 오페라가 위치한 곳에 가면 일본 식당을 비롯한 한국 식당 등 다양한 아시아 음식을 판매하는 식당들이 즐비해 있다. 어떤 곳은 줄을 기다렸다가 들어가야 하는 곳도 있다. 가격은 물론 한국에 비하면 비싸지만 한국 음식이 그립거나 프랑스 친구들이 한국음식을 먹고 싶어 하면 그곳에 가서 음식을 소개하고 같이 먹었던 기억이 있다.

내가 면접을 보는 한인 식당은 15구에 위치한 메트로 'Corentin Celton' 역에 위치해 있었다. 그곳은 파리 변두리 지역이어서 평소에 내가 다니던 파리 지역과는 또 다른 분위기가 있었다. 조용한 분위기로 사람들이 무척 편안해 보였다. 메트로 역에서 찾아 가는 길은 어렵지 않았고 시간에 맞추어 면접을 볼 수 있었다. 내가 찾아간 곳은 특이하게도 한국인 부부가 식당과 호텔을 동시에 운영하고 있었다.

간단한 프랑스어 자기소개와 면접을 마친 후, 뜻밖에 기분 좋은 말을 듣게 되었다. 내 발음이 내 프랑스어 레벨 수준보다 좋고, 더 높은 레벨의 사람들보다 더 잘하는 것 같다는 말씀을 해주셨다. 5년이 지난 지금이지만 아직도 기억이 나는 걸 보면 역시 칭찬은 기억에 오래 남고, 기분을 들뜨게 하는 것 같다. 프랑스어를 접하고 7개월째 되던 어느 날, 스타벅스 면접에서 떨어진 이후 프랑스어 실력을 더 향상시키기 위해 노력했던 순간들을 모두 보상받는 기분이었다.

면접을 마친 후, 사장님은 또 다른 제안을 하셨는데, 호텔에서도 일을 할 수 있는 사람을 찾고 있다며 주말 아침 7시부터 시작해서 오후 2시까지 가능한지 물어보셨다. 나에게는 정말 좋은 기회라고 생각하고 고민할 겨를도 없이 괜찮다고 이야기했다. 화기애애한 분위기로 면접을 마무리하였고 며칠 뒤 다음 주부터 출근을 해주었으면 좋겠다는 말과 함께 연락이 왔다. 우선 레스토랑에서 오후 6시부터 저녁 손님들을 맞이하고 홀 서빙을 시작하게 되었다. 20대에 대학교

방학 시즌이 되면 나는 다양한 일을 하며 시간을 보냈기 때문에 서빙 일이 어렵지 않았다. 나는 15군데가 넘는 곳에서 아르바이트를 했는데 이때의 경험이 무척 도움이 많이 되었다. 더욱 레스토랑 일이 좋았던 점은 고객들이 대부분 프랑스 현지인들이어서 프랑스어를 계속해서 사용할 수 있다는 점이었다. 그들은 고객이자 동시에 내 프랑스어 선생님과 같았다. 또 그들은 한국과는 다르게 식사를 하는 중간 중간에 말을 걸어주는 것을 좋아해서 다양한 대화를 시도하려고 노력했었다. 이때 나는 프랑스인들이 자주 쓰는 표현이나 말투 등을 배우려고 노력을 많이 했다.

내가 일하면서 배웠던 것 중에 하나는 프랑스어로 '음식이 맛있다'라는 말은 'C'est bon![쎄봉]'이라고 하는데, C'est보다는 bon을 더 강조해서 말한다. 또 다른 표현으로는 영어로 'delicious'를 프랑스어로는 'délicieux[델리씨유]'라고 한다. 그래서 '맛있다'를 'C'est délicieux[쎄 델리씨유]'라고 하기도 한다. 그런데 이 두 가지 표현의 차이점은 첫 번째 C'est bon은 그냥 주로 우리가 하는 '맛있다'의 기본 표현이라면 두 번째 표현인 C'est délicieux 는 좀 더 감정이 실린 상태로 아주 맛이 좋을 때 표현한다는 것을 알 수 있었다. 이렇게 현장에서 직접 프랑스인들을 만나 프랑스어 공부를 할 수 있다는 것이 학교에서 배우는 것 이상으로 소중한 경험과 배움이 되었다.

프랑스인들은 한식을 먹으면서도 와인을 주문하여 함께 먹기도 했다. 와인의 나라 프랑스답게 그들의 와인 사랑은 한식을 먹을 때도 드러났다. 주로 우리는 와인을 스테이크나 서양 음식을 먹을 때 먹지만 이들이 한식과 함께 마시는 것을 보고는 '와인이 한식과도 잘 어울리는구나'라는 것을 느꼈다. 그리고 많은 프랑스인들이 한국 음식을 맛있어 하고 좋아하는 것을 보고 신기하기도 하면서 뿌듯하기도 했다.

내가 일을 하는 동시에 프랑스어 실력이 향상할 수 있었던 이유 중에 하나는 주문하기 전 프랑스 현지인들은 각각 메뉴에 대한 설명을 요청했다. 그러면 나는 어떤 재료가 들어갔는지, 조리가 어떻게 된 것인지 등등 프랑스어로 설명해야만 했다. 그러면서 요리에 관련된 어휘도 공부해야 했고, 동시에 그들과 대화가 통할 수 있도록 현지인 발음처럼 들리게 하기 위해 무척이나 신경을 많이 썼다. 그렇게 나는 현지인들과 대화하는 시간은 늘어갔다.

한인 레스토랑에서 일을 하면서 주말에는 호텔 일을 하게 되었다. 업무는 전화 업무와 예약을 받고 손님이 방문할 때 안내와 설명 등 리셉션 업무를 봤다. 호텔 전체적인 관리를 하면서 아침 식사 서빙도 하였는데 식사는 한인 레스토랑에서 이루어졌다. 예상한대로 손님은 대부분 프랑스 현지인들이었고, 주로 지방에 거주하며 파리로 출장을 오는 사람들이 많았다. 이때 나는 전화 프랑스어를 연습할 수 있는 좋은 기회였다. 외국어를 공부한 사람은 다 알듯이 전화로 하는 외국어가 제일 어렵다는 말을 하고는 한다. 그 이유는 상대방이 보이지 않아 표정이나 눈빛 등을 보지 못하고 수화기 건너편의 대화 상대를 상상하며 대화를 이어나가야 하기 때문이다. 한마디로 못 알아듣는다 해도 유추할 수 있는 그 어떤 것도 없는 상태가 되는 것이다.

나는 주말이나 특별한 날이면 상미셸Saint-Michel이라는 파리 노트르담 성당이 위치한 곳에 있는 가격이 저렴하면서 맛도 좋은 프렌치 레스토랑들을 찾았다. 가격대는 10유로부터 20유로까지 다양하게 형성되어 있고, 저렴한 가격에 전식, 메인요리, 후식까지 세트메뉴를 즐길 수 있었다. 사실 여러 매장 가운데 이곳이 서비스도 좋고, 맛도 좋아서 자주 찾아 먹기도 했는데 어느새 주인은 나에게 에피타이저나 후식을 추가로 몇 개 더 서비스로 주고는 했다. 그 이유로 더 자주 찾아가게 되었다. 나중에 알고 보니 레스토랑 주인은 아시아 문화에 관심이 많으며 한국어도 배웠다고 했다. 그러면서 한국어를 가르쳐 줄 수 있는 한국인을 찾는다는 것이었다. 나는 망설일 틈도 없이 그 순간 내가 가르쳐줄 수 있다고 제안하였다. 그렇게 일주일에 두 번씩 식당 주인을 만나 한국어 수업을 시작했다. 나에게는 용돈도 벌면서 설명을 프랑스어로 해야 했기 때문에 일석이조의 좋은 기회였다.

점차 내가 일주일에 프랑스어를 사용하는 시간은 늘어갔다. 오전에는 프랑스어 수업을 듣고, 저녁에는 레스토랑에서 일을 하며 프랑스 손님들과 대화를 나누고, 주말에는 전화 프랑스어를 하는 동시에 손님들을 만나며 프랑스어를 연습했다. 나는 최대한 프랑스 사람들이 하는 말을 따라하려고 노력했고, 특히 억양이나 악센트를 유심히 살펴보았다. 이렇게 나의 프랑스어 공부는 매일같이 발전할 수 있었다.

포토그래퍼로 파리 패션위크 현장을 누비다

한국에서 대학을 다닐 때 공대생이었지만 사실 나는 어릴 때부터 패션에 관심이 많았다. 그러던 중 해외에서 패션 스트릿 포토그래퍼로서 사진을 찍으며 이름을 알리고 있는 사람들이 있었는데 그중 내가 유독 눈길이 가는 포토그래퍼는 남현범이었다. 그에 대해 관심이 생기자 검색을 하기 시작했고, 나이가 나와 동갑이라는 사실에 다시 한 번 반가운 마음이 들었다. 또한 특이한 점은 전공 또한 컴퓨터 공학과로 나와 동일하다는 것이었다. 그리고 사진을 전공하지는 않았지만 내가 좋아하는 패션과 사진을 업으로 삼아서 해외를 돌아다니며 일을 한다는 것이 참 부럽고 멋지게 보였다.

나도 그와 같이 꼭 기회가 생기면 스트릿 포토그래퍼가 되고 싶었다. 그래서 '가서 꼭 한번 해보자!'라는 결심을 하며 파리에서 열리는 패션위크에 대해 정보를 찾기 시작했다. 프랑스어 공부를 하면서 동시에 이 행사가 언제, 어디에서 열리는지에 대한 정보를 얻기 위해 노력했다. 인터넷으로 검색한 결과 2월 말부터 약 일주일 동안 파리 패션위크가 열리며 쇼가 열리는 주소도 찾을 수 있었다. 마침 그 정보를 찾았을 때는 이미 패션위크가 시작된 지 이틀째였다. 그래서 나는 당장 그 행사에 가보기로 결정했고, 오전 수업이 끝나자마자 한국에서 가져온 카메라를 목에 걸고 그곳으로 달려갔다.

스마트폰이 있었기 때문에 주소를 찾아가는 것은 어렵지 않았다. 멀리서 많은 사람들이 몰려있는 것을 보았고, 주변에는 카메라를 하나씩 들고 기웃거리는 사람들이 있음을 알아차릴 수 있었다. 나는 패션 피플을 보기도 전부터 이미 긴장되기 시작했다. 한마디로 가슴이 벅찼다. 무엇보다 사진으로만 보던 패션 피플을 볼 수 있다는 생각에 마음이 들떴었다. 쇼가 열리는 곳으로 가까이 다가갈수록 패션이 남다른 사람들이 눈에 띄었고, 카메라를 한 대씩 들고 있는 사람들의 수는 많아졌다. 그토록 내가 바랐던 파리 패션위크의 현장에 와 있던 것이었다.

많은 사람들이 그 앞을 기웃거렸는데 대다수의 포토그래퍼들은 서양인이었지만 아시아인들도 섞여 있었다. 그들 사이에서 나도 함께 카메라를 들고 셔터를 누르기 시작했다. 그 순간 사진을 찍는데 내 눈앞에 낯이 익은 얼굴이 보였다. 바로 남현범 포토그래퍼였다. 그에게 다가가서 간단하게 인사를 하고 짧은 대화를 하였다. 마치 연예인을 보는듯한 기분이 들었다. 더 대화를 나누고 싶었지만, 때 마침 쇼가 끝나고 패션계에 유명한 셀럽들이 나오기 시작했다. 많은 포토그래퍼들은 그들을 쫓아 하나같이 뛰기 시작했다. 그들은 유명인 한 명이라도 놓치지 않기 위해 뛰어다녔다.

나는 그때도 누가 누군지 잘 알지 못하는 상태였기 때문에 다른 포토그래퍼들이 뛰는 곳이라면 덩달아 같이 뛰며 사진을 찍었다. 결과가 어떻든 나는 내가 직접 찍었다는 사실에 가슴이 뿌듯했고 다행히 결과물도 나쁘지 않았다.

나는 남은 패션위크 일정을 돌며 사진을 찍었다. 파리 패션위크는 런던, 뉴욕, 밀라노 패션위크와 함께 세계 4대 패션위크 중 하나이다. 한번 열리게 되면 약 일주일간 지속되었고 일정은 몇 달 전부터 패션위크 웹 사이트에 정보가 올라왔다. 다른 포토그래퍼들과 뛰어다니며 일정상 식사를 거르고 사진을 찍다보니 쉽지 않았지만 세계 셀럽들을 보고 셔터를 눌러가며 사진을 찍다보니 재미도 있었고 무엇보다 내가 찍은 사진이 마음에 들었다. 내가 좋아하는 패션과 사진이 어우러져 힘들어도 즐거움을 느꼈다. 그렇게 나는 다음에 예정된 6월 패션위크에도 참석하여 사진을 찍었다. 사진을 찍다보니 여러 사람들을 만날 수 있었다. 그 중에는 나처럼 시작한 지 얼마 되지 않은 사람부터 유명 잡지사들과 계약을 맺고 본업으로 활동하는 사람, 패션 블로거, 잡지 에디터, 패션 디자이너 등 많은 사람들과 소통할 수 있었다. 그들과 함께하며 그들이 본업으로 삼는 이 일을 직간접적으로 경험할 수 있었다.

우연히 시작한 이 일이 나중에는 패션 쪽에 일을 하는 친구를 통해 초대장을 받아야 입장할 수 있는 유명 패션쇼를 참석할 수 있는 기회를 얻게 되었고, 백스테이지도 들어가 어떻게 쇼가 진행되는지도 경험할 수 있었다. 나에게는 말 그대로 신세계였다. 모델들 모두가 멋있고 아름다웠다. 한국에서 시간을 보냈다면 절대 생각도 할 수 없는 일을 경험하고 있다는 생각에 너무 뿌듯했던 순간이었다.

내가 직접 찍은 결과물을 볼 때도 정말 내가 찍은 게 맞는건지 싶을 정도로 잘 나온 사진도 있었다. 그 이유로 나는 '이왕 이렇게 된 거 돈도 벌 수 있으면 좋겠는데?'라고 생각하며 고민을 하다가 패션위크 사진이 주기적으로 업데이트 되고 내가 자주 찾던 패션 웹 사이트 '힙합퍼'를 떠올렸고, 연락할 수 있는 방법을 찾기 시작했다. 몇 개의 메일 주소를 찾았지만 어느 메일 주소에 보내야 할지 몰라서 내가 찾은 모든 메일 주소에 메일을 보냈다. 메일 내용은 내 소개와 함께 포토그래퍼로서의 경험을 소개하였고 포토그래퍼를 혹시 구하는지에 대한 내용을 포함하여 메일을 보냈다. 말 그대로 맨땅에 헤딩하기였다. 될지 안 될지도 모르는 무모한 도전이었어도 시도해 보았다.

며칠 후 내가 보낸 메일에 대한 답장을 받았고, 뛸 듯이 기뻤다. 더군다나 긍정적인 답변을 받아서 기분이 더 좋았다. 스스로 무언가를 해낸 기분이 들었으니 말이다. 나는 무엇이든지 시도하기 전 각양각색의 이유로 망설이기보다는 일단 저지르고 봐야 한다는 것을 절실히 깨달았다. 그 이후로는 불가능해 보이는 일이더라도 일단 저지르고 보자는 마음을 먹게 되었다.

나는 정식으로 패션위크 기간에 찍은 사진을 보정을 거쳐 '힙합퍼'에 사진을 보냈고 그에 맞는 페이도 받게 되었다. 페이는 용돈벌이 정도로 크진 않았지만 나름대로 만족했다. 좋아하는 일을 하며 돈을 벌 수 있다는 것은 말로 표현할 수 없는 일이다. 그리고 내가 찍은 사진이 웹 사이트에 올라간 것을 내 두 눈으로 확인했을 때는 그만큼 뿌듯할 수가 없었다. 이 일을 시작으로 본격적으로 파리 패션위크 기간에 사진을 찍고, 셀렉 후 보정을 거쳐 최종적으로 웹 사이트에 내가 찍은 사진들이 업데이트 되었다. 그 이후로 파리 패션위크 힙합퍼 포토그래퍼라는 타이틀을 달고, 매번 열리는 패션위크에 참가하여 사진을 찍으며 프랑스 생활이 끝나는 날까지 사진을 찍었다.

사진을 찍으며 느낀 점이 있다면 사실 나는 맨땅에 헤딩하기로 '스트릿 포토그래퍼' 산업에 뛰어든 것이다. 어떤 일이든 시작을 해야 경험이 쌓이게 되고, 일정한 시간을 투자했을 때 전문가가 된다. 그중 사진작가로서 도전하는 것은 진입 장벽이 낮다. 사실 괜찮은 카메라만 있으면 누구나 도전해 볼 수 있는 일인 것이다. 물론 결과가 아마추어와 프로의 퀄리티가 다르겠지만 말이다. 사진도 예술의 하나이기 때문에 감각이 중요하고, 해보지 않는 이상 숨겨진 재능을 알 수 없다고 생각한다.

패션 위크 스트릿 포토그래퍼로서 사진을 찍어보니, 감각도 중요하지만 이에 못지않게 중요한 것이 있다면 체력이었다. 수많은 포토그래퍼들은 가장 좋은 지점을 잡아 가장 좋은 각도에서 사진을 찍어야 하기 때문에 경쟁도 심하다. 그러다 보니 쇼의 시작과 끝에는 항상 모든 포토그래퍼들이 예의주시하며 기다리고 있었고 누군가가 나타나면 서로 뛰기 시작했다. 그러다 또 다른 방향에서 누군가가 나타났다하면 또 뛰는 것이 반복이었다. 어떨 때는 교통신호도 무시하고 모델을 놓치지 않으려고 뛰는데 이럴 때는 굉장히 위험하다는 생각이 들기도 했다.

모든 포토그래퍼들의 신경이 셀럽들에게 향해 있기 때문에 다른 것은 눈에 보이지 않는 듯 보였다. 그러다 보니 서로 신경 싸움도 하게 되고 더 좋은 자리를 잡고 사진을 찍겠다고 몸싸움을 하는 일도 보게 되었다. 하루 종일 쇼에 따라 지정된 장소에서 열리기 때문에 메이저쇼가 식사시간에 겹치게 되면 식사도 건너뛰거나 샌드위치로 끼니를 달래며 사진을 찍기도 했다. 멋진 사진을 남기는 그들의 삶 뒤에는 가려진 그늘 또한 존재했던 것이다.

패션위크 사진작가로서 유명해지기 위해서는 대표적인 예로 유명 잡지사들과 같이 일을 해야 한다. 그러나 이미 오래 전부터 메이저 잡지사와 계약을 맺고 있는 포토그래퍼들이 있었고, 이 관계를 깨고 들어가기가 쉬운 일은 아니었다. 예술 쪽이 그런 경우가 많다고 들었는데 사진도 인맥이 중요한 것 같다. 또한 그들만의 텃세 문화도 개인적으로 마음에 들지 않았다. 그리고 그렇게 일을 하기 위해서는 패션위크에 참석해야 해야 하는데 이때마다 드는 경비도 만만치 않았다.

나는 포토그래퍼 일이 아니더라도 이미 파리에서 하는 일이 있었기 때문에 힙합퍼 포토그래퍼로서 사진을 찍는 것에 만족했다. 지금 생각해보면 사실 조금 더 큰 꿈을 갖고 유명 잡지사에 보내지 않은 것에 아쉬움이 들기도 하지만 좋은 추억으로 간직되었다. 또한 이때의 경험으로 사진작가에 대한 꿈이 생겨 계속 사진을 공부하고 있다. 언젠가 기회가 닿으면 내가 사진작가로도 전향할 수 있는 문제 아닐까 싶다. 아무도 미래는 모른다. 요즘은 더욱이 평생직업이 사라지지 오래지 않은가. 다양한 분야에 항상 관심을 기울이다 보면 기회는 찾아 올 것이라고 믿는다.

리셉션 담당자로 출근을 시작하다

파리지앵 생활 8개월쯤 하고 나자 프랑스에서 첫 여름을 맞이했다. 정신없이 반복되는 일상에서 잠시 쉴 수 있었던 시기이기도 했다. 프랑스는 학생 비자를 연장하기 위해서는 비자가 만료되기 전에 수업료를 지불해서 수업을 연장하거나 새로운 학교를 등록 후 그 입학증을 제출해야만 한다. 서류 제출을 위해 새로운 학교를 찾던 중 내가 다녔던 학교의 아드리앙 선생님이 옮긴 학교를 찾을 수 있었다. 그래서 나는 다시 선생님을 찾아 그 학교를 가보기로 마음먹었다.

그 학교의 위치는 파리 15구로 파리 남서쪽에 위치해 있었고, 파리 중심가에 위치했던 이전 학교와는 반대로 주택가에 위치해 있어서 좀 더 조용하고 평화로운 분위기였다. 또 주변에는 작은 마트와 카페, 빵집 등이 있어서 기분이 좋았다.

아드리앙 선생님이 있는 학교는 기차역에서 5분~10분가량 떨어져 있었다. 어학교의 크기는 크지 않았고 2층부터는 아파트로 구성된 건물이었다. 리셉션에서 내가 찾고 있는 선생님의 이름을 물어보니 다행히 아드리앙 선생님이 프랑스어를 가르치고 있었다. 수업료 또한 전에 다니던 어학교보다 훨씬 저렴했고 수업 방식이나 프로그램도 마음에 들어 망설일 것도 없이 바로 등록을 했다. 때마침 나를 가르쳤던 아드리앙 선생님을 만날 수 있었고 서로 반갑게 인사를 나누며 짧게 대화를 나눈 뒤 어학교에서 나왔다.

새로 등록한 어학교는 매일 오전 9시에 수업을 시작했다. 새롭게 받은 반은 B2반이었는데 가장 상위 반인 C1보다 한 단계 낮은 반이었다. 내가 그때 프랑스에 온 지 8개월이 되었을 때였으니 실로 엄청난 발전이었다. 또한 같은 반에 이미 프랑스에서 몇 년 동안 거주한 사람들도 있었고, 무엇보다 선생님이 내가 원하는 스타일로 수업을 해주어서 정말 좋았다. 수업을 들을 때마다 프랑스인들이 실제 생활에서 쓰는 표현들을 익힐 수 있었고, 그와 관련된 문법을 알려주어서 프랑스어를 공부하기에는 최고였다.

이 어학교의 장점은 정규 수업 외에 야외 활동을 하며 전시회를 관람하기도 하며 프랑스 문화에 대해 더 자세히 배울 수 있었다. 또한 함께 요리를 하고 파티를 열어 다양한 사람들을 만나 소통할 수 있었다. 나는 사람들과 어울리는 것을 좋아했고, 다양한 이벤트에 참여하면서 프랑스어 실력을 점차 키웠다.

새로운 학교에 적응하고 2달 쯤 지났을 때였다. 그 당시 학교 리셉션에서 일하는 사람이 한국인, 일본인, 중국인 총 3명이었다. 이 학교에 오는 대부분의 학생들의 국적은 이 국가들이었기 때문에 해당 직원이 필요한 것이었다. 마침 한국인들이 이 어학교에 많이 왔기 때문에 나와 친해진 한국인 직원은 나에게 일자리를 권유했다.

그 자리는 인턴이었고 프랑스어로는 'secrétaire'라고 해서 비서 자리였지만 실제로는 학교에 들어오면 바로 보이는 리셉션 카운터에서 근무를 하는 것이었다. 좋은 기회라고 생각했기 때문에 일을 하기로 하고 학교 대표와의 인터뷰를 잡았다. 그런데 근무를 하게 되면 좋지만 학교를 대표해야 해서 남자보다는 여자를 더 선호한다는 이야기를 들은 터라 내가 되지 못할까봐 조금은 걱정이 되었다. 또한 프랑스어로 인터뷰를 진행해야 하기 때문에 이것 역시 긴장이 되었다. 어느새 학교 대표와의 인터뷰는 시작되었고 스타벅스에서 보았던 인터뷰 경험을 살려 나의 장점을 잘 이야기했다. 특히 밝은 성격으로 잘 웃으며 사람들과 소통도 잘할 수 있다는 것을 내세웠다. 프랑스어로 몇 가지 간단한 질문에 대한 대답을 한 뒤, 여느 인터뷰와 마찬가지로 연락을 주겠다는 말을 듣고 인터뷰가 끝났다.

어느새 일주일이라는 시간이 흘렀고 한국인 직원에게 인터뷰에 합격했으니 출근하라는 소식을 전해 들었다. 나는 그때 한국 식당과 호텔에서 일을 하는 중이었다. 그러나 어학교에 출근을 시작한 후로 오전에는 프랑스어 수업, 오후에는 프랑스 어학교 리셉션 근무, 저녁에는 식당 그리고 주말에는 호텔 이렇게 일주일에 3가지 일을 하게 되었다. 그러다가 한국어 과외도 하며 패션위크 기간 동안은 사진도 찍으며 일주일에 많게는 5가지 일을 동시에 했다. 정말 정신없이 바쁘게 지냈다. 그만큼 생활비를 충당하는 것 이상으로 돈을 모을 수 있는 여유가 생기게 되니 친구들 만나기도 편해졌다. 시간을 쪼개 친구들을 만나 이야기 나누며 커피 한잔을 마실 때의 여유로움은 정말 소중하고 인생의 행복함을 느끼게 해주었다. 열심히 하루를 보내고 난 뒤 집에 들어가는 길에 와인을 한 병 사들고 집에 와서 맛있는 요리를 해서 같이 먹을 때는 정말 세상 부러울 것이 없었다.

나는 프랑스에서 행복에 대해 많이 생각해 보게 되었다. 이곳에는 소소하지만 확실한 행복이 있었고 그 행복이 거창한 것이 아니더라도 행복감을 느끼고 누리면서 살 수 있었다. 만약 당신이 행복이란 뭔가 거창하고 대단한 것이라고 생각하고 있다면 그렇지 않다고 이야기해 주고 싶다. 행복은 그 자체이기 때문에 크고 작은 개념이 아닐 것이다. 내가 행복감을 느끼는 가장 큰 이유는 내가 그토록 원했던 프랑스어를 원어민과 막힘없이 대화할 수 있게 되었고 이 과정을 통해 나도 모르게 자존감이 높여졌다. 프랑스에 처음 왔을 때 프랑스인들과 대화를 할 수 없어서 쩔쩔매던 나의 모습은 이제 어느 곳에도 없기 때문이다.

행복하려면 필요한 조건들이 있다고 생각하는가? 좋은 위치의 집과 돈을 많이 버는 직업이 있다면 행복하다고 생각한다면 잠시 숨을 돌려보자. 나에게 파리 생활은 참된 행복을 느낄 수 있게 해주었다. 행복은 멀리 있는 것이 아니라 도전하며 성취하는 것이다. 커피 한 잔의 여유 속에 행복이 있다는 사실을 잊지 말았으면 좋겠다.

인생은 나 자신을 발견해가는 여행이다

"내게 사람들은 교수, 장관, 행정직, 언론인 안 해 본 것이 없다고 이야기해요. 그런데 직업만 많을 뿐이지 실상 나는 내 인생을 굉장히 좁게 살았던 것 같아요. 나는 어렸을 때부터 글을 쓰면서 사색하고, 또 책을 읽는 것이 삶에서 가장 중요한 것이라고 생각했어요. 그래서 다른 길은 생각조차 하지 않았죠. 그런데 지나고나니 가장 후회가 되는 것은 내게 많은 꿈들이 있었다면 그만큼 또 다른 가능성들이 열렸을 텐데 꿈조차 갖지 않고 글만 썼던 것이에요. 오직 위대한 작가가 되어야겠다 생각했으니까요. 그래서 다른 일에는 무관심하게 살아왔죠. 내 인생은 한 번뿐인데 내가 그동안 인생을 값어치 있게 산 것일까요?"

문학평론가 이어령 씨가 한 이야기다. 일반 사람들은 그를 생각할 때 대단하고 멋진 분이라 생각해서 인생에 후회가 없을 것이라고 생각할 수도 있을 것 같다. 그러나 한국에서 이와 같이 영향력이 있는 사람도 자신의 삶을 돌아볼 때 후회가 있다고 이야기하는 것을 보면 인생은 완벽하기 힘든 것이 아닐까 싶다. 그래서 나는 무엇을 선택할 때 최대한 후회 없는 선택을 하려고 노력한다. 그래서 많은 것에 관심을 갖으려 하고, 새로운 기회라고 생각이 들면 도전하는 쪽으로 시도한다.

누구에게나 기회는 몇 번이고 찾아온다. 특히 20대 청년기에는 진로에 대한 고민이 가장 많은 때이기도 하고 그래서 이 시기에 많은 경험을 해 보는 것이 중요하다고 생각한다. 특히 20대야말로 체력적으로도 좋기 때문에 자신이 관심을 갖고 있는 분야에 도전해 보는 것이 중요하다. 왜냐하면 나이가 들수록 여러 형편이나 상황들 때문에 점점 도전하는 것이 쉽지 않게 되기 때문이다. 그러나 내가 안타깝게 생각하는 것은 보통 우리 사회는 고등학교를 졸업한 후에 학교에서 공부한 것 외에는 특별한 경험 없이 전공을 선택해야 하고, 그 전공을 직업으로 삼을 수 있으면 다행인 경우가 많다.

나는 직업은 곧 그 사람의 삶이라고 생각한다. 그런데 우리의 인생을 사회 경험이 하나도 없는 어린 나이에 정해야 하고, 다른 길에는 눈길조차 줄 여유 없이 한 가지 길로만 가야한다는 것은 참 슬픈 일인 것 같다. 살다 보면 인생이 가치관이 바뀌기도 하고 내가 좋아하는 것과 잘하는 것에 대해 생각할 수도 있지 않은가?

2016년 가을 나는 미국 보스턴에 위치한 하버드 대학교에 가서 학생들을 대상으로 인터뷰를 진행했다. 인터뷰를 진행할 때, 제일 기억에 남는 학생은 자신의 꿈을 미리 정하고 살아가기보다는 기회를 항상 열어두고 살고 있다고 이야기했다. 나는 이 이야기를 듣고 정말 공감이 되었다. 우리는 어릴 때부터 주변 사람들로부터 꿈에 대한 질문을 받고 자란다. 마치 꿈이 없으면 잘못된 것처럼 느껴지기도 했으니 말이다. 그러나 우리 모두가 다 잘 아는 박태환, 김연아, 박지성과 같은 스포츠 선수들은 어렸을 때부터 재능을 빨리 발견해서 지독한 훈련을 했지만 이와는 반대로 보통의 사람들은 자신이 무엇을 좋아하고 잘하는지 잘 알지 못한 채 고등학교를 졸업하기도 한다. 대학을 가서야 비로소 전공을 선택한 후, 그 전공과 관련된 직업을 구해서 사회에 나오게 되는 것이다.

잠깐 여기서 '꿈'은 무엇일까? 나에게 꿈은 곧 '희망'이라고 생각한다. 나이가 많고 적음에 따라 젊음과 늙음을 나누는 것이 아니라 '꿈의 여부'에 따라 나뉘게 된다. 즉 나이가 많다고 하더라도 꿈이 있다면 그 사람은 젊다는 것이다. 실제로 나이가 있어도 꿈이 있다면 더 오래 산다고 한다. 그것은 자신이 무언가 스스로 바라는 게 있으니 그것을 이루려고 노력을 하게 되고 살아야 하는 동기가 되고 그것이 삶의 원동력이 되는 것이다. 그래서 꿈은 인생에서 없어서는 안 되는 소중한 것이다.

보통 꿈을 생각할 때 직업과 관련지어서 생각하기도 한다. 그래서 어릴 때부터 꿈에 대해 질문을 받으면 곧장 직업과 연결시키기도 하는데 꼭 꿈을 직업에 국한시킬 필요는 없을 것 같다. 꿈은 더 이상 직업이 아니라 인생을 살면서 내가 어떤 가치관을 갖고 어떻게 살아가길 바란다는 나 자신과의 약속이 될 수도 있기 때문이다. 하지만 자신이 바라는 삶에 대한 꿈을 꿈으로만 남겨둔다면 평생 아무것도 이루지 못할 희망으로 남을 뿐이다. 꿈을 이루기 위해서는 10년, 5년, 1년으로 나눠 목표를 세워 매일 실천해야 그 꿈을 이룰 수 있다.

나의 어릴 적 꿈은 디자이너, 가수가 되는 것이었다. 수능을 보고 대학을 가기 위해 컴퓨터 공학을 선택했지만 학부시절 많은 것을 경험해 보고 싶었다. 만약 대학에 다니면서 취업만을 위해 공부한다면 나이가 들어 은퇴를 앞두고 있을 때까지 나와 맞지 않은 일을 하느라 힘들 수도 있을 텐데 이렇게 인생을 낭비하고 싶지는 않았다.

내가 처음 스스로 인생의 선택을 한 일은 호주에서 영어 공부를 했던 일이다. 나는 그때까지 내가 외국어에 관심이 있는지, 영어를 잘할 수 있을지 알지 못했다. 나는 지금 결국 외국어와 관련된 일을 하고 있는데, 만약 그때 호주를 선택하지 않고 안주하는 삶을 선택했다면 영어, 프랑스어를 지금처럼 잘하지 못했을 것이고, 지금과는 전혀 다른 삶을 살고 있을 것이다. 물론 그 삶도 내가 경험해 보지 않은 삶이기에 한편으로는 궁금하기도 하다. 그러나 중요한 것은 여러 가지 도전을 하면서 내가 좋아하는 것을 스스로 찾고 그것을 잘하게 되는 것이 아닐까 싶다.

인생은 나 자신을 발견해 나가는 여행과 같다고 생각한다. 그 과정이 항상 뜻대로 되는 것이 아니기 때문에 어려움도 겪게 되고 좌절도 하게 마련이다. 인생의 성공은 사회에서 판단하는 잣대가 아니더라도 자신이 가치 있다고 여기는 것들을 배우고 도전하는 것만으로도 누구나 존중받을 일이라고 생각한다.

나는 내가 이렇게 20대를 보냈고, 이렇게 살았으니 당신도 나와 같이 살아야 하고, 그것이 옳은 길이라고 이야기하는 것이 아니다. 단지 내가 하고 싶은 말은 가능하면 젊을 때 다양한 경험을 할 수 있다면 해보라는 것이다. 내가 좋아하는 것을 예상치 못한 순간에 발견하기도 하면서 인생은 미래를 알 수 없는 참 재미있는 것이라는 생각을 하게 될 것이다. 상상해 보자. 만약 인생이 정해져 있고, 내일 당장 어떠한 일이 일어날지 알고 있다면 어떨까? 태어나자마자 나의 의지가 아닌 정해진 삶을 살아야 한다면 말이다.

우리는 지금 당장이라도 자신의 미래를 바꿀 수 있는 힘이 있다. 지금 이 순간 '선택'을 한다면 당신은 무엇을 선택하겠는가? 지금까지 자신의 인생에서 해보지 않았던 시도와 도전을 하며 자신이 몰랐던 자신을 발견하고 배우며 살아보자. 새로운 꿈을 발견함으로써 인생이 바뀌고 자신에 대해 더 큰 가능성을 품고 살면 좋겠다.

THREE

낭만의 도시 파리를 사랑하다

장발의 보헤미안

우리가 알고 있는 단어 '보헤미안Bohèmien', 부르주아Bourgeois는 전부 프랑스어다. 그리고 프랑스어로 두 단어를 합쳐 '보보Bobo'라고 하기도 하는데, Bourgeois-Bohème의 앞 글자 Bo를 따서 생긴 단어이다. 그리고 보헤미안과 부르주아의 특징을 띠고 있는 새로운 계층의 사람들을 Des bobos데 보보(복수형)라고 한다.

이 단어의 뜻은 Bourgeois-Bohème의 뜻을 모두 내포하고 있다. 보헤미안이라고 하면 한때 사회의 규율대로 사고하고 행동하지 않아 자유로운 사고를 하는 예술가들이거나 그렇지 않으면 부정적으로 바라보는 시선이 있었다. 하지만 지금은 사회에서 부를 소유한 상류층으로서 어디에도 얽매이지 않은 채 자유로운 사고를 하는 사람들을 일컫는 말이 되었다. 현재는 보다 긍정적인 뜻으로 자리매김한 셈이다.

'보헤미안'을 떠올리면 영화 〈보헤미안 랩소디〉가 생각난다. SNS에서 우리나라 사람들은 이 영화에 대한 이야기로 뜨거웠고 어디에 가도 보헤미안 랩소디를 부른 영국 그룹 퀸의 노래를 들을 수 있었다. 나 또한 이 영화를 영화관에 가서 보았다. 1975년 록 그룹 퀸은 머리도 어깨길이 만큼 길었고 행동도 자유분방하며 그 시대의 보헤미안 삶을 추구했다. 요즘 스타일로 이야기하면 히피족과 같은 느낌을 쉽게 받을 수 있다.

파리에 살면서 많은 경험을 했지만 그중에 꼭 해 보고 싶었던 일로 바로 머리를 기르는 것이었다. 더군다나 한국으로 돌아가 취업을 하기 전에 머리를 길러볼 기회는 바로 이때라고 생각이 들자 자유로움을 즐기기로 했다. 이미 내가 머리를 길러보면 어떤 모습일지 상상해 보는 것만으로도 유쾌했다. 내가 프랑스에 있었을 때는 장발이 유행했는데 보통 장발머리를 보면 음악을 하거나 예술을 하는 사람들을 쉽게 떠올릴 수 있듯이 보헤미안 삶과 잘 맞아 떨어진다고 생각한다.

잠깐 학창시절로 돌아가면 내가 중고등학교를 다녔을 때는 두발 규정이 심해서 항상 귀가 보여야 했으며 앞머리가 눈썹을 가려서도 안 되었다. 두발 검사는 주기적으로 했고 만약 두발 불량에 걸리면 다음날까지 머리카락을 자르고 학교에 가야만 했다. 그런데 참 재미있는 것은 사춘기 시절이니 얼마나 해보고 싶은 일이 많았을까. 그 당시 텔레비전에 나오는 연예인들은 모두 앞머리를 길게 길러 나오는 것이었다. 그것을 보고 자란 나는 막연하게 저 모습이 멋있다고 생각했고 학교에서 검사를 하면 할수록 머리를 기르고 싶다는 생각은 강해

져만 갔다. 그래서 내가 선택한 것이 규칙에 어긋나지 않은 제한 선까지 기르는 것이었다. 지금 생각해 보면 짧은 머리도 무척이나 멋있는데 왜 그땐 그렇게도 긴 머리가 좋았는지 모르겠다.

머리를 기르기로 작정한 지 몇 개월이 지나자 옆머리는 귀를 덮었고 앞머리는 코 밑까지 내려왔다. 파마를 한 번 한 상태에서 머리를 기르니 쉽게 기를 수 있었다. 어느새 장발이라고 말할 수 있을 정도의 길이까지 머리를 길렀다. 주변의 반응은 다행히도 나쁘지 않았다. 프랑스인들은 내게 긴 머리가 잘 어울린다며 파리의 분위기와도 잘 맞는다는 말까지 했다.

그 당시 내가 일을 했던 어학교 프랑스 현지 원장님도 장발 머리를 하고 다녔는데, 직원인 나도 비슷한 머리를 하며 같이 일을 했던 것이다. 왠지 모를 동질감도 느껴졌고, 일터에서 자유롭게 머리 길이에 상관없이 각자의 스타일을 존중해주는 모습이 한국과는 다르게 정말 마음에 들었다. 머리를 기르니 나의 행동도 뭔가 더 자유로워진 듯한 느낌도 들었고 그때가 되서야 내가 비로소 파리지앵이 된 듯한 설렘이 들었다.

머리가 길어서 일어난 에피소드도 많이 있는데, 머리가 길어서 가끔은 프랑스 사람들이 나를 뒤에서 마담Madame!이라고 부르는 경우도 있었다. 그리고 한번은 나를 계속 여자로 생각하고 말을 건 사람도 있었다. 또 다른 에피소드는 여행을 할 때 사람들은 내가 여행을 많이 다니는 여행가로 생각하는 사람도 꽤 있었다. 마치 여행으로 인해 머리를 자르지 못한 사람을 상상한 것이다. 머리를 기르니 참 겉모습도 중요하다는 것을 느끼게 되었다. 겉모습에 따라 그 사람의 성격, 직업, 분위기를 모두 짐작할 수 있으니 말이다.

한국에 돌아와서 취업 준비를 하며 면접을 보기 위해 길게 길었던 머리를 싹둑 짧게 자르면서 아쉬운 마음이 들었다. 머리를 자르면서 이제는 한국 사회에 맞춰야 한다는 생각에 마음의 준비를 했다. 어쩌면 파리에서 오로지 '나'로서 살았던 자유로운 생활과의 작별 인사를 하며 오롯이 내가 하고 싶은 대로 살았다는 뿌듯함을 느끼기도 했다. 그리고 내가 어릴 적 상상만 하던 머리가 긴 내 모습을 실제로 매일같이 보며 경험할 수 있어서 내게는 평생 좋은 기억으로 남을 것 같았다. 당신도 나처럼 지금 하지 않으면 후회할 수도 있는 것을 찾아서 시도해 보길 바란다. 시간은 당신을 기다려 주지 않는다.

공유 자전거를 타고 출근하는 파리지앵들

2008년 미국 하버드대 법대 로런스 레식 교수에 의해 처음 사용된 '공유 경제'라는 단어가 있다. 요즘은 우리 실생활에서도 이 단어가 자연스럽게 나오는데 대표적으로 우리가 알고 있는 우버와 에어비엔비, 그리고 코워킹 스페이스 위워크 등이 있을 것이다. 우리 주변에서 가장 쉽게 찾아 볼 수 있는 것 중 하나는 특정 지역에 설치되어 있는 공유 자전거와 카쉐어링으로 유명한 '쏘카'가 대표적이다.

현재 파리를 포함한 세계 몇 개의 도시들도 한국과 마찬가지로 공유 자전거를 이용할 수 있다. 이용하는 방법도 쉽고, 결제 시스템도 어렵지 않아 많은 사람들이 이용한다. 나도 동네에 설치되어 있는 공유 자전거를 탔던 기억이 있다. 지금 생각해보면 이 시스템이 정착된 지 벌써 5년 이상이 된 것 같다. 이렇게 우리는 물건을 서로 공유하는 시대에 살고 있고 이미 그것에 익숙해진 모습이다. 그러나 자전거 도로나 관련된 시설 및 법 규정의 부족으로 인해 자전거를 이용하는 사람은 제한적인 것이 안타까운 현실이다.

호주에서는 자전거를 타기 위해서 보호 장구는 물론이고 자전거 전용 도로만 이용해야 했다. 나도 그 나라 법에 따라 자전거를 이용할 때 헬멧을 착용했다. 처음에는 익숙하지 않아 여간 귀찮았던 것이 아니었으나 곧 적응이 되니 헬멧은 안전을 위한 최소한의 방어 장치라 생각이 들어 꼭 착용을 했다. 그런데 우리나라에서 자전거를 타 보니 도로 사정상 자전거를 타기가 위험할 때가 많다. 또한 자전거 전용 도로 설치도 미흡해서 출퇴근을 자전거로 한다는 것은 무리가 있어 보인다. 그러나 파리는 출퇴근을 자전거로 하는 사람들을 아주 쉽게 만날 수 있다.

파리에 도착한 후 나의 일과는 어학교에서 공부하는 것으로 시작되었는데 학교 위치가 파리의 중심 오페라에 있었다. 덕분에 아침에 학교를 가면서 많은 사람들이 베이커리에 들려 크로와상과 커피를 먹고 출근하는 광경을 쉽게 볼 수 있었고 정장을 입고 자전거를 타는 사람도 만날 수 있었다. 그때 나는 속으로 '와 파리지앵들은 자전거 타는 모습도 멋있네'라는 생각을 했었다. 그런데 우리나라에서는 정장을 입고 자전거로 출퇴근하는 사람을 쉽게 발견하지 못하는 것 같다. 만약 그런 사람이 있다면 아마 사람들의 이목이 집중될 것이다. 파리에서는 정장을 입은 채 자전거를 타는 사람들이 많기 때문에 신선할 것도 없지만 그들은 남의 시선은 크게 신경 쓰지 않는 문화다.

파리지앵은 그들의 일상을 'Métro Boulot Dodo 메트로 불로 도도'라고 풍

자화해서 이야기하기도 한다. 먼저 뜻을 살펴보면 Métro는 '지하철'을 의미하고, Boulot는 '일'이라는 뜻이다. 주로 일이라고 하면 프랑스어로 Travail트하바이라고 하지만 Boulot라고 하기도 한다. 이 단어는 주로 구어체에서 사용하는 단어라고 생각하면 된다. 마지막으로 Dodo는 Dormir, '자다'라는 뜻을 지닌 동사의 앞 음절 'do'에서 파생된 단어이다. 즉, 파리지앵의 삶을 정리하자면 '지하철, 직장, 잠'이라는 것이다. 파리지앵은 예술의 도시 파리에 살기 때문에 일반 사람들과는 다를 것이라고 생각할 수도 있지만 사실 그들의 삶도 우리의 반복되는 삶과 크게 다르지 않다. 그들에게 파리는 예술적이고 낭만적인 도시이기 전에 하루하루를 살아가는 삶의 터전인 곳인 셈이다.

파리는 지하철 역 구간이 짧기 때문에 걷다 보면 쉽게 메트로역 입구를 발견한다. 그래서 메트로를 이용하는 것이 쉽고 편리해서 차보다 메트로가 더 이용하기 좋을 때가 많다. 실제로 많은 직장인들이 메트로를 이용한다. 나 또한 오전에 수업이 있는 날에는 파리 직장인들과 함께 메트로를 타고 이동한 경험이 있는데, 매일 아침 환승역은 우리나라 지하철역 못지않게 많은 인파로 붐빈다. 특히 여름에는 우리나라의 지하철 시설과 다르게 공간도 좁고 에어컨도 작동이 안 되어 땀을 뻘뻘 흘리며 출근을 하는 사람들을 흔히 볼 수 있다. 파리의 메트로를 이용하다 보면 우리나라의 지옥철은 그나마 나은 형편이었음을 알았다.

해외에 살다 보면 우리나라가 잘되어 있는 시설이나 서비스가 많음을 알 수 있을 때가 많다. 파리는 기차에 문제가 생겨 오지 않거나 예정된 기차가 아무 전달 사항도 없이 취소되는 일이 다반사다. 우리나라 같으면 상상도 못할 일이고 아마 그날 저녁 뉴스에도 보도될 일일 것이다. 이러한 이유 때문인지 파리지앵들은 메트로를 이용하지 않고 자전거로 출퇴근을 하는 방법을 선택한 것 같다.

2018년 파리 여행을 할 때는 도시에 처음 보는 이동수단이 보였다. 바로 'Lime'이라는 공유 전동 킥보드를 보았는데 파리에서도 서비스를 시작한 모양이었다. 사람들이 타고 다니는 것을 보자 나도 이용해 보고 싶었지만 날씨가 좋지 않아 시도를 못해 봤었다. 그런데 이 서비스는 자기 소유의 물건이 아니라 공용이기 때문에 관리 문제가 있는 것 같았다. 실제로 벨리브 자전거의 관리 문제도 파리에서는 큰 이슈니까 말이다. 자주 이용하는 무언가를 서로 공유할 수 있다는 것은 좋은 일이지만 개인이 소유하지 않기 때문에 그에 따른 공유 수단의 관리는 신경을 더 써야 할 일임은 확실한 것 같다.

프랑스는 법적으로 연중 휴가가 5주로 12개월 중 최소 한 달은 자유로운 시간을 보낼 수 있다. 프랑스어로 휴가를 바캉스라고 하는데 이미 우리에게도 친숙한 단어일 것이다. 바캉스라는 단어를 살펴보면 '비우다'라는 뜻의 라틴어 Vacare 바카레에서 유래되었다. 이때는 활동을 중단하고 비워서 모두 떠나는 시기임을 알 수 있다. 그래서 프랑스의 수능이라는 바칼로레아가 끝나는 시기인 6월 말부터 9월까지 휴가철을 맞이하여 바다가 있는 휴양 도시로 떠난다.

생각만 해도 정말 부러운 일이었다. 우리나라의 근무 환경은 주말을 껴서 일주일 휴가 보내는 것도 어려울 때가 많기 때문이다.

프랑스는 휴가 일수가 많으면서도 노동 생산성이 높은 나라다. 물론 우리나라와 비교해 봤을 때 적게 일하고 효율성이 좋아지기까지는 하루아침에 이뤄진 것이 아니겠지만 부러운 마음이 든다. 우리나라도 이제는 회사에서 얼마나 시간을 보내느냐에 초점을 맞추기보다 얼마나 근무 효율을 높여서 노동 생산성을 최대화 할 수 있는지 노력해야 할 때라고 생각한다. 그런데 재미있는 것은 이러한 환경에서 살고 있는 프랑스 사람들은 자신의 삶이 재미가 없고 지루하다며 "METRO BOULOT DODO!"를 외치고 있다.

이 광경을 보고 있으면 참 아이러니하다는 생각도 든다. 즉, 대부분의 사람들은 자신이 처한 상황을 부정적으로 바라보게 된다. '상황을 바꾸지 못하면 즐겨라'라는 말을 들어봤을 것이다. 자신이 처한 상황이 항상 긍정적이고 최고일 수는 없다고 생각한다. 어떻게 보면 인간이란 동물은 절대 만족할 수 없는 동물인 것 같다는 생각을 한다. 인간의 욕심은 끝이 없다는 말도 있지 않은가. 지금 주어진 환경에 감사하는 마음을 가져보는 건 어떨까? 지금 처한 환경이 마음에 들지 않는다면 최소한 감사하는 작은 노력이라도 해보자. 우리가 프랑스 휴가 제도를 부러워하듯이 누군가는 우리를 부러워할 수 있다.

파리지앵은 검은색을 좋아한다?

지금 파리지앵의 패션 스타일을 상상한다면 어떤 이미지가 생각나는가? 대부분의 사람들은 파리라고 하면 화려하고 럭셔리한 스타일을 먼저 생각할 것이다. 그도 그럴 것이 파리하면 예술, 음식, 영화, 건축, 와인 등 다양한 분야에서 세계적인 명성을 떨치고 있지만 그중 패션도 한몫을 하기 때문이다. 실제로 세계적으로 유명한 럭셔리 명품 브랜드 중에 손에 꼽히는 것들을 보면 프랑스 브랜드가 정말 많은 것을 알 수 있다.

나는 패션에 관심이 많기 때문에 프랑스 사람들은 어떤 스타일로 다니는지 정말 궁금했었다. 그래서 나는 파리에 있을 때 시내로 나가 거리 패션을 사진으로 담기도 했다. 내 눈에 비친 그들의 모습은 모든 것들이 흥미로웠다. 지금 생각해보면 나는 어릴 때부터 다양한 것에 호기심을 느꼈던 것 같다. 그래서 성인이 된 지금도 해보고 싶은 것은 꼭 해봐야 하는 성격이고, 한 가지만 파는 성격보다는 다양한 것을 도전하며 시도하는 것을 좋아하는 사람이 된 것 같다. 이런 내 성격 때문인지 다양성이 존중되는 파리를 더욱 사랑하게 된 이유가 된 것 같다.

나는 파리의 어느 카페 테라스에 앉아서 사람을 구경하는 것만으로도 즐겁게 시간을 보낼 수 있었다. 파리지앵들은 각자의 개성대로 옷을 입는데 이런 것을 볼 때면 한국의 비슷한 스타일보다는 더 다양한 스타일이 있으니 재미있게 느껴지기도 했다.

2018년 러시아 월드컵 우승은 프랑스가 차지했다. 프랑스에 대해 잘 모르는 사람들도 이번 월드컵 경기를 보며 프랑스에 관심을 갖게 된 것 같았다. 주로 사람들이 나에게 많이 했던 질문은 프랑스가 유럽 국가임에도 불구하고 선수 구성이 백인보다는 흑인이 많아 다인종 국가인지에 대해 묻는 것이었다.

역사상으로 프랑스 식민지 국가들을 보면 아프리카가 많이 차지했고, 난민을 포함해 외국인을 받아들이는 정치를 펼쳐 현재 아프리카계, 아랍계의 사람들이 많이 거주하고 있다. 그중에는 불법으로 거주하는 사람들도 있는 등 다양한 인종이 거주하고 있어 실제로 사회적으로 문제가 거론되기도 하고, 이슬람 종교와의 마찰이 일어나고 있는 것도 사실이다. 이러한 이슈와 관련해서는 현재도 찬반론이 뜨거운 상태다.

파리 시내를 돌아다니면 백인들도 많이 보이는 반면에 흑인 및 아랍계통의 인종들도 많이 눈에 띈다. 실제로 내가 파리에 살면서 그들이 나에게 직접적인 피해를 준 일은 없었지만 현지 프랑스 친구들과 이야기를 해보면 테러, 소매치기와 같은 범죄들을 일으키는 인종의 비율이 외국인이 많다고 했다.

또한 다양한 인종이 사는 곳이지만 패션과 관련해서는 전체적인 파리지앵의 모습은 다양성이 부족해 보였다. 다양한 인종이 살면 패션 스타일도 다양할 것이라고 생각했지만 프랑스어 선생님의 말처럼 사람들은 검은색 계통이 옷을 많이 입고 다녔다. 사실 선생님의 말을 듣기 전까지는 눈치 채지 못했었다.

선생님의 이야기를 듣고 사람들을 자세히 다시 보기 시작하니 정말 사람들이 하나 같이 회색이나 남색, 검정색 옷만 입고 있는 것이었다. 어느 정도였냐면 신기할 정도로 많았다. 나는 밝은 색의 옷도 좋아하고 튀는 색도 입기 때문에 그들과 비교했을 때 좀 다른 것 같이 느껴졌다.

파리를 제외한 다른 지역을 여행했을 때는 밝은 색상 계열의 옷도 많이 입는 것을 볼 수 있었다. 특히 남부 지방을 여행했을 때는 사람들이 해안가 근처에 살고 있어서 그런지 다양한 색상의 옷을 입고 있었던 것이 기억이 난다. 나는 그 당시 새로운 기분을 느꼈는데 지금 생각해보면 좋은 경험이라 생각한다.

호주나 여러 국가를 갔을 당시 주변을 둘러보면 항상 아시아인 뿐만 아니라 다양한 인종이 있었는데, 프랑스 남부 지방에 왔을 때는 전부 백인 프랑스인들만 보게 되었다. 그들도 나를 신기하듯이 쳐다봤으니 서로가 신기했던 셈이다. 남부 지방은 파리와는 달리 상대적으로 아시아인이 적기 때문이었는데 지금도 그 기분을 잊을 수 없다.

내가 마치 연예인이 된 듯이 주목을 받는 기분이 들었기 때문이다.

다시 파리지앵의 스타일에 대해 얘기해 보자면 파리는 패션의 도시로 유명한데 왜 대부분의 사람들이 무채색의 옷을 많이 입는지 생각해 볼 일이었다. 정답은 파리에서도 옷을 잘 입고 스타일리시한 사람들을 의미하는 '패셔니스타'보다는 일반인들이 더 많이 산다는 것이었다. 그리고 날씨도 한몫을 했는데 겨울은 특히 비가 많이 내려서 흐린 날이 대부분이었다.

쌀쌀하면서 비는 자주 내리지만 프랑스인들은 우산을 잘 쓰지 않기 때문에 때가 타도 잘 티가 나지 않는 색상을 선택하는 것이었다. 또한 요즘 프랑스의 젊은 사람들은 검정색이 시크하다고 생각하는 것도 큰 것 같다.

패션의 도시 파리라고 해도 모든 사람들이 패셔니스타가 아니다. 파리도 평범한 사람들이 자신의 삶을 묵묵히 사는 도시인 것이다. 그런데 파리도 각각의 인종들이 사는 지역이 따로 나눠져 있기 때문에 토종 파리지앵들이 주로 사는 곳과 그들이 자주 가는 곳을 가면 밝은 계열의 옷도 많이 입는 것을 볼 수 있다. 파리지앵이라고 해도 파리에서 열리는 패션위크 기간이 되면 옷 잘 입는 사람들을 쳐다보는 그들도 신기하다는 듯이 쳐다본다. 이런 모든 광경을 내 눈으로 직접 봤다고 생각하니 내 인생에서 좋은 경험이었다고 생각한다.

지금 생각해보면 파리를 여행으로만 잠깐 들렀다면 유명 관광지와 맛집 등을 찾아다니며 관광을 했을 것 같다. 그러나 파리에 정착하여 살았기 때문에 많은 것을 누리고 깨달으며 살았다. 이때의 경험이 지금은 나의 소중한 자산이 되었고 내 인생의 일부분을 채웠다. 동시에 이러한 것들을 보고 누리며 느낄 수 있는 마음을 가지고 있었음에 감사함을 느낀다.

날마다 축제인 파리

파리하면 제일 먼저 생각나는 것은 무엇인가? 많은 것들이 있겠지만 에펠탑, 센 강, 몽마르뜨, 노트르담, 예술, 역사, 음식, 와인, 치즈와 같은 것들을 떠올릴 것이다. 나에게 파리는 오감을 자극하는 도시이다. 사실 나는 특별한 일이 없어도 파리 골목길을 걸어 다니며 마음에 드는 상점에 들어가 구경을 하고, 점심에는 샌드위치를 사서 공원 벤치에 앉아 먹기를 좋아했다. 또 걷다가 카페에 들어가서 커피도 즐기며 저녁에는 친구들과 와인 한잔을 하며 이야기하는 것도 좋아한다. 특별한 것이 전혀 없는 일상이지만 나에게는 특별했다.

초기 파리 생활을 할 때는 이런 여유를 즐기지 못했다. 여유보다는 생존이 우선이었고, 그만큼 해야 할 일들이 많았기 때문이다. 그 당시만 해도 프랑스어를 잘하지 못했기 때문에 파리에서는 소외된 이방인 같은 느낌이 들었다. 내게 프랑스어는 생계유지를 위해서라도 꼭 정복해야 할 문제였다. 그런데 열심히 노력하니 어느 순간 신기하게도 들리지 않던 프랑스어가 들리기 시작하고, 프랑스 사람들과 대화도 할 수 있는 정도의 실력을 갖추게 되었다.

프랑스어로 대화가 가능하니 파리가 더 친숙하게 느껴졌고 자신감도 부쩍 늘었다. 이때 내가 다니던 어학교에서 파리 시에서 주최하는 이벤트를 소개해 주었는데 학교 프로그램으로 학생과 교사가 모여 외부활동을 하는 것이었다. 프랑스 원어민 선생님들과 외부 활동을 할 수 있다는 것은 대단히 좋은 기회였고, 나 또한 여러 사람들과 어울리는 자리에 되도록이면 참석해서 프랑스 문화와 언어를 배우고 싶었다.

《노는 만큼 성공한다》의 저자 김정운 교수는 사람은 잘 놀아야 한다고 말한다. 그만큼 사람은 일을 하려고 태어나는 것이 아니기 때문에 잘 먹고 즐기며 살아야 한다는 뜻일 것이다. 모든 일에는 조화가 필요하듯이 일을 하면 그에 따른 보상도 필요하다. 그렇지 않을 경우 인간도 기계처럼 어딘가 고장이 나거나 작동이 잘되지 않게 마련이다. 즉, 일과 휴식이라는 두 가지 조화는 무척이나 중요한 셈이다.

최근 화두가 되고 있는 워라벨Work-Life balance은 일과 놀이, 휴식이 포함된 균형 잡힌 삶이라는 뜻이다. 우리 사회에 뜨거운 이슈가 되었다는 의미는 노동시간이 비교적 많은 우리나라 사람들이 이제는 놀이, 휴식으로서의 삶의 균형이 부각되었다는 뜻이다. 그러나 안타깝게도 한국의 직장인들은 모두 금요일만을 기다리며 한 주를 보내고 있는 것이 현실이다. 프랑스는 우리나라에 비해 국민 모두가 즐길 수 있는 축제가 비교적 많은 편이다. 그 이유로 프랑스 현지인들도 일 년 동안 열리는 축제들을 빼먹지 않고 참여하려고 계획을 짜고 그날이 다가오기를 기다리며 자신의 할 일을 한다. 축제와 같은 특별한 날들은 살아가는 큰 원동력이 되는 것이다.

프랑스에 가면 쉽게 구할 수 있는 것이 바로 와인이다. 와인의 종류는 화이트, 로제, 레드로 크게 나뉘고 샴페인과 같이 탄산이 포함되어 있는 것도 있다. 프랑스는 와인의 나라답게 와인과 관련한 축제가 다양하게 열린다. 먼저 와인과 관련된 '보졸레 누보'라는 축제를 경험할 수 있는 기회가 있었는데 내가 어학교를 다니며 학업과 일을 동시에 병행하고 있을 때였다.

가을이 되면 어학교에서는 선생님과 학생들이 모여 한 공간에서 보졸레 누보Beaujolais Nouveau라는 파티를 열었다. 보졸레 누보에서 '보졸레'는 프랑스 남쪽 지방의 한 이름 'Beaujolais보졸레'를 의미하고, '누보'라는 뜻은 프랑스어로 '새로운'이라는 뜻의 형용사다. 즉, '새로운 보졸레'라는 뜻으로 프랑스 보졸레 지방에서는 매년 9월 초에 수확한 포도를 수확한 후 4~6주간 숙성시킨 뒤 11월 셋째 주 목요일부터 출시한다. 그 시기부터 출시되는 와인을 '보졸레 누보'라고 하는데 6개월 이상 숙성시키는 일반 와인과는 다르게 신선한 상태로 마시는 와인으로 프랑스 사람들은 매년 11월 이 와인 축제를 즐긴다.

어학교에서는 다양한 프로그램을 준비했고 보졸레 누보 와인을 포함해서 다양한 먹거리가 준비되어 있었다. 그 당시 나는 수업을 듣는 학생이면서 리셉션에서 등록 및 상담 등을 관리하는 직원이었다.

그러한 이유로 많은 학생들과 소통을 해야 했기 때문에 세계 각국에서 온 학생들과 가깝게 지냈다. 이들과 함께 하는 파티는 그날의 특별한 분위기와 장소를 느끼며 같이 어울리며 대화를 나누는 것이라고 생각한다.

프랑스어로 축제 또는 파티를 'La Fête라 페트'라고 한다. 매년 파리에서는 다양한 행사가 주기적으로 개최된다. 2018년 파리에 갔을 때 몽마르뜨에서 개최되는 La fête de vendange라 페트 드 벙덩쥬에 가기로 마음먹었다. 이 축제는 파리에서 유일하게 남아있는 포도밭이 몽마르뜨 언덕 근처에 있는데 매년 수확을 기념하기 위해 행사가 열리고 있다. 2018년은 10월 10일 부터 5일간 열렸다. 또한 2018년 여행 당시 숙소도 몽마르뜨 근처였기 때문에 하루 일정을 마치고 쉽게 갈 수 있었다.

행사에 도착했을 때는 이미 많은 사람들로 북적거렸는데 그들은 다양한 프랑스 전통 음식을 먹으며 친구들과 와인을 기울이며 즐겁게 시간을 보냈다. 마침 계절도 선선한 가을이었기 때문에 분위기만으로도 충분히 멋졌지만 파리에서 제일 높은 동네 몽마르뜨 언덕에 앉아 파리 시내를 바라보며 시간을 보내는 것은 더할 나위 없는 최고의 행운이었다. 나도 친구와 함께 감자와 치즈, 햄이 들어가 있는 전통 음식과 함께 가을 밤하늘 아래에서 와인 한 잔을 기울였다.

한국에서 페스티벌이라고 하면 제일 많이 생각나는 것은 바로 음악 페스티벌일 것이다. 콘서트, 재즈, 락 페스티벌 등 음악을 즐기기 위해 참여하는 한국 청년들의 참여도가 높다. 프랑스도 우리나라처럼 음악을 사랑하는 나라다. 그래서 프랑스는 매년 음악 축제를 여는데 프랑스어로는 '라 페트 드 라 뮤지끄La fête de la musique'라고 한다. 매년 6월 21일에 열리고, 길거리부터 시작해서 어디를 가든 음악 장르에 상관없이 다양한 음악을 즐길 수 있다. 그리고 원한다면 누구나 음악을 할 수도 있다.

축제 기간 동안은 새벽 시간까지 공연이 이어지는 경우도 있어서 특정 메트로 라인은 새벽 늦은 시간까지도 운영을 한다. 그래서 축제 기간에 시간이 늦더라도 집으로 돌아가는 길은 걱정하지 않아도 된다. 늦은 시간에도 집으로 귀가하기에 편하다. 나 같은 경우, 예전에 파리에 살 때 친구들과 밖에 나가 음악을 즐겼는데, 그때 내가 참여했던 곳은 그냥 일반 길거리에서 댄서들이 음악을 틀고 춤을 가르쳐줬다. 많은 사람들이 무대 밑에 모여 댄서가 추는 춤을 한 동작씩 따라 했다. 장르는 디스코부터 힙합, 살사까지 다양한 장르에 대해 알려주며 같이 춤을 췄는데 모두 하나가 된 느낌이 들었고, 춤을 좋아하는 나는 그 순간을 파리지앵들과 함께 나눌 수 있었다.

모르는 사람들과도 춤을 같이 추다보니, 동질감이 들었고 대화를 나누며 친해질 수 있었다. 그때만큼은 국적, 인종, 성별, 직업과 관계없이 모두 그 순간을 즐기는 사람일 뿐이었다. 마치 2002년 월드컵 때 광화문에 빨간색 티셔츠를 입고 모두 응원하며 소리를 지르던 그때의 분위기와 비슷했다. 나는 그때 고등학생이었는데 방과 후 친구들과 함께 광화문으로 향했던 추억이 있다. 지금 생각해보면 많은 대중과 함께 한마음 한뜻으로 무언가를 같이 나눈다는 것은 평소 일상에서 느끼지 못하는 끈끈한 무언가를 느낄 수 있는 기회인 것 같다.

이런 경험을 하고 나니 우리나라도 일 년에 한 번쯤은 많은 국민이 참여할 수 있는 축제 같은 특별한 날이 있으면 좋겠다고 생각해 본다.

파리에는 이외에도 특별한 날이 많은데 여름에는 '파리쁠라쥬Paris plage'라고 해서 센 강 주변에 모래사장이 설치되어 마치 해변에 있는 것 같은 기분을 느낄 수 있다. 우리나라는 일광욕을 즐기는 사람이 유럽이나 서양국가에 비해 적다. 서양 국가가 대부분 비슷하겠지만 프랑스 사람들도 쨍쨍한 햇빛을 좋아해서 공원 잔디밭에서 일광욕을 하는 사람을 쉽게 발견할 수 있다. 우리나라 사람들은 주로 피크닉을 가거나 야외활동을 하면 해가 쬐는 자리보다는 그늘을 찾는 것을 생각해보면 참 대조적이다. 물론 센 강에 모래사장이 설치된다고 해서 센 강 물에 들어갈 수는 없다. 단지 파리에서 바다를 보려면 어느 정도 거리가 떨어진 곳으로 이동을 해야 하기 때문에 바캉스 기간에 휴가를 즐기지 못하는 사람들을 위한 조금의 배려라고 생각하면 된다. 실제로도 이 시기에 많은 사람들이 여성들은 비키니를 입거나 남성들은 겉옷을 벗고 일광욕을 즐기는 사람들을 쉽게 찾아볼 수 있다. 만약 직장이 근처라면 점심시간과 같은 쉬는 시간을 이용해 스트레스 해소도 하고 따뜻한 햇살을 즐길 수 있기도 하다.

마지막으로 10월 첫째 주 토요일에는 'Nuit blanche뉘 블렁쉬'가 열린다. Nuit는 밤 blanche 흰색을 뜻한다. 즉 백야를 의미하는데 실제로 프랑스어 표현에서도 'faire페흐 하다'라는 동사를 넣어 'faire nuit blanche'라고 하면 잠을 자지 않고 '밤을 지새우다'라는 뜻으로 사용된다. 파리는 세계에서 예술의 중심 국가라고 해도 과언이 아닐 정도로 예술이 발전한 나라다. 예술의 나라답게 이 날은 파리에서 열리는 문화 예술 축제의 날이라고 할 수 있다.

현재 파리에서 시작한 이 축제는 벨기에 브뤼셀, 일본 도쿄, 호주 멜버른 등 30개 국가에서 열리고 있다. 전시관, 박물관, 동물원, 극장 같은 공공시설에서 다양한 행사가 이뤄진다. 각 장소에서는 평소와는 다른 특별한 이벤트를 진행하며 많은 관객들을 맞이한다. 특별한 점은 저녁 7시부터 시작해서 그 다음날 새벽까지 진행되고 사람들의 편의를 위해 대중교통은 새벽까지도 운행이 된다. 이날은 늦은 시간까지 예술의 열정을 갖고 깜깜한 밤을 하얗게 불태우며 예술과 문화를 직접 느낄 수 있다.

이외에도 더 많은 축제가 파리에서 매년 열리고 있으니 만약 프랑스 여행을 계획한다면 축제 기간에 맞춰서 가기를 바란다. 왜냐하면 파리지앵들과 함께 오직 파리에서만 열리는 축제를 느낄 수 있을 것이기 때문이다. 이렇게 하나씩 축제를 즐기다 보면 파리에 있는 시간이 지루할 틈이 없을 것이다.

파리에서 캘리그래피를 배우다

여행을 통해 느끼는 깨달음 중에 하나가 바로 지금 이 순간은 지나가면 다시는 돌아오지 않는 아주 소중한 시간이라는 것이다. 더욱이 해외에 있을 때는 절실하게 느껴졌다. 내가 계획했던 파리 유학생활이 얼마 남지 않았다고 느껴졌을 때는 더 부지런하게 한국에서 할 수 없는 무언가를 해야겠다는 마음이 컸다. 그래서 어떻게 하면 남은 시간을 알차게 보낼 수 있을지 고민했고, 그때 떠오른 것이 캘리그래피였다. 그 당시 한국에서도 캘리그래피를 배우는 수요가 늘어나던 시기였고, 나는 한국에서는 배울 수 없는 라틴어 캘리그래피를 배우면 좋겠다고 생각했다. 당장 캘리그래피를 쓰는 활동이 나에게 도움이 되거나 필요해서 했던 것은 아니었지만 무엇인가 새롭게 도전하고 싶었다.

정보의 시대라고 했던가? 나는 바로 검색을 시작했고, 그중 파리의 예술가들이 밀집해 있는 파리의 생 제르망 데프레 근처에 있는 캘리그래피 수업을 들을 수 있는 기관을 찾았다. 생 제르망 데프레 메트로역에서 나오자마자 한 눈에 바로 띄는 건물은 성당인데 성당 주변으로는 오래되고 유명한 카페인 레 두 마고와 카페 드 플로흐가 위치했다. 이 두 카페는 문학가들에게 인기가 많았던 장소로 헤밍웨이, 피카소, 앙드레 지드, 장 폴 사르트르, 알베르 카뮈 등 한 시대를 대표하던 문학가들이 제 집 드나들 듯이 왔던 곳이다. 그래서 나도 모르게 파리의 그 지역을 특별히 좋아했던 것 같다. 그냥 시간이 나면 그 근처를 서성거리며 걸어 다니며 작은 숍들을 구경하기도 했다.

이곳은 내가 프랑스에 도착하고 3개월 쯤 되었을 때, 프랑스어 수업을 마치고 자주 오던 곳이다. 나에게는 추억이 많이 있는 장소인 셈이다. 그 당시 내 삶은 전부 프랑스어에 집중되어 있었기 때문에 가능한 많은 시간을 프랑스어를 듣고 말하는 시간으로 채우려고 노력했었다. 일주일에 한 번 프랑스 현지인과 대화를 나누며 글을 쓰는 등 함께 스터디를 할 수 있던 곳이었다.

지금 돌이켜보면 경험 하나하나가 인생을 살아가는 데 도움을 주었음을 확신한다. 그래서 나는 누군가가 해외 생활을 고민하고 있다면 무조건 그 기회를 잡으라고 이야기한다. 인생은 한 번 뿐인데 한 나라에서 좁은 시선으로 많은 것을 경험하지 못한 채 산다는 것은 무척이나 아쉬운 일이라고 생각하기 때문이다. 인생은 짧다. 잠깐 이 세상에서의 삶을 여행하기 위해 들렀다고 생각해 본다면 많은 꿈을 갖고 도전하며, 최대한 많은 것을 보고 느끼고 살아봐야 하지 않을까?

파리에 와서도 호주에서 영어 스터디를 공부하던 모임처럼 많은 시간을 들여 공부할 수 있었다. 프랑스어 모임은 파리 Saint-Germain-des-Près역 근처에 있었고, 마음의 준비를 하고 첫 모임에 참여했다. 몇 개의 테이블이 놓여 있었고, 각각의 테이블에는 프랑스인이 앉아 있었다. 도착하는 사람들은 빈 의자에 자리를 채우고, 사람들과 인사를 나눈 후에 프랑스어로 대화를 했다.

그때의 내 프랑스어 실력은 잘 들리지 않고, 말하는 것도 잘되지 않아 항상 좌절만 하고 돌아왔던 기억이 난다. 그래서 나중에 일을 하며 바쁘게 지낼 때는 참여하기가 어려워졌는데 지금 생각해 보면 잘 들리지 않았어도 꾸준히 참여하는 것으로 나도 모르게 프랑스어가 늘지 않았나 생각이 든다.

스마트폰을 세상에 알린 스티브 잡스는 유명한 스탠포드 대학교 졸업식 연설에서 인생은 점들을 연결하는 것이라는 이야기를 했다. 그도 대학에 다닐 때 캘리그래피를 배웠는데 그 당시에는 이것이 어떻게 활용될지 알 수 없었다는 것이었다. 그런데 그때 배웠던 캘리그래피 수업이 매킨토시를 만들었고 그때 배웠던 서체 수업이 큰 영감을 주었다고 말했다.

만약 그때 나의 프랑스어 실력만을 생각하고 아무런 모임에도 나가지 않았다면 지금처럼 프랑스어를 잘할 수 없었을 것이다. 당장 내 미래는 알지 못하지만 프랑스에 온 이상 프랑스어 만큼은 자연스럽게 구사하는 것이 목표였다. 그래서 그 목표를 이루기 위해 다양한 시도를 하였고 그로인해 경험을 쌓는 계기가 되었다. 잘 들리지 않는 언어를 듣기 위해서는 고도의 집중력도 필요했는데 그때 기억한 프랑스어의 억양, 발음 등은 나의 무의식에 남아 내가 원어민과 비슷한 수준의 언어를 할 수 있는 도움이 많이 되었던 것 같다. 물론 내가 스티브잡스가 캘리그래피를 배웠다는 이유로 캘리그래피를 배운 건 아니다. 아직 나에게 캘리그래피 수업이 인생에 큰 영향을 끼치진 않았지만 아직 언제 또 내 삶에 영향을 끼칠지 모른다고 생각한다. 가까운 미래인 당장 내일도 어떠한 일이 생길지 모르니까 말이다.

캘리그래피 수업은 평소 알고 지내던 지인 두 명과 함께 매주 2번씩 만나 수업을 듣게 되었다. 내게 캘리그래피 수업을 듣는 시간은 평소에 필요하지 않았던 집중을 요구했고, 새로운 것을 배운다는 것에 기분이 좋았다. 수업을 듣게 되면서 프랑스 선생님으로부터 이야기를 들었는데, 현재 라틴 캘리그래피를 전문으로 뛰어난 실력을 갖고 있는 사람은 손에 꼽을 정도로 소수라고 했다. 그 이야기를 듣자 나는 배우기를 잘했다고 생각이 들었다.

생전 처음 켈리그래피 펜과 펜촉을 만져보고 처음 펜촉에 잉크를 찍고 프랑스어 알파벳 A부터 Z까지 배웠던 게 생각난다. 켈리그래피는 고도의 집중력을 요구한다. 켈리그래피를 배우며 나는 초등학교 때 배웠던 서예가 생각났다. 붓을 들고 글씨를 쓰던 서예와는 달리 켈리그래피는 전문 펜을 이용하여 글씨를 썼고, 펜촉의 종류와 크기 또한 다양했다. 어떤 펜촉을 사용하느냐에 따라 다양한 느낌으로 글이 써졌다. 먼저 선생님이 글을 쓰고 난 후, 따라서 써보았는데, 그 느낌을 기억하기 위해 휴대폰 영상으로도 남겼다. 보고 따라하는 것이어도 혼자 할 때는 마음처럼 쉽게 되지 않았다. 그래도 내가 생산적으로 결과물을 남긴다는 것이 뿌듯했다. 파리에서 생활한 지 꽤 오랜 시간이 흘렀을 때였고 약간은 반복되는 일상이 지겹기도 한 시점이었던 터라 더 삶의 활력소가 되었다.

하버드 대학교에서 '무엇이 행복을 결정하는가?'에 대한 연구를 75년간 724명의 남성을 대상으로 연구를 진행했다. 그중 현재 60명가량의 대부분의 사람들은 90대가 되었는데 지금도 연구에 참여하는 중이라고 한다. 대부분 우리는 부와 명예를 인생의 목표로 삶고 살아가는 이들이 많고, 그들도 역시 그렇게 목표를 정했었다고 한다. 그러나 그들이 50대가 되어서 행복하고 건강한 삶이란 부와 명예가 아니라 인간관계라는 결론을 내렸다. 즉 행복이란, 가족, 친구, 이웃 등과 얼마나 건강한 관계를 맺고 있느냐에 따라 정해진다는 것이다.

캘리그래피 수업을 들으며 내 삶의 새로운 커뮤니티가 생겼었다. 사람들과의 관계가 새로 형성되었던 시기였는데, 함께 수업을 듣고 이야기를 나누며 시간을 보내는 것이 설레었다. 또 새로운 것을 배우는 재미에 빠져 행복한 대화를 나누고, 시간을 보내면서 그 시간이 나도 모르게 기다려질 만큼 새로운 것을 배운다는 재미에 푹 빠져 있었다. 당신은 현재 주변 사람들과의 좋은 관계를 유지하기 위해 얼마나 노력을 하고 있는지 생각해 보자. 다시 한 번 인생에서 우선순위, 목표에 대해서 생각해 보는 시간을 가져보길 바란다.

마크 트웨인은 '시간이 없다. 인생은 짧기에, 다투고 사과하고 가슴앓이하고 해명을 요구할 시간이 없다. 사랑할 시간만이 있을 뿐이며 그것은 말하자면 한 순간이다'라고 이야기했다.

파리에는 뿔레호티가 있다

한국은 요즘 먹방의 시대라고 해도 과언이 아니다. 먹는 방송으로 수입을 올리는 유튜버도 있고, 텔레비전에서도 동시에 방송되는 먹방 프로그램만 한두 개를 훌쩍 넘어간다. 그만큼 이제는 끼니 걱정을 하던 시대와 다르게 살기 좋아졌다는 뜻일 것이다. 또한 먹는 것에 사람들이 관심을 많이 갖게 될 정도로 삶의 질이 예전과는 다르게 많이 향상되었고 맛있는 것을 찾아서 먹는 것이 즐거운 시대가 되었다. 매년 경제 전망이 좋지는 않지만 최근 젊은 청년층들 사이에는 '욜로You Only Live Once' 족이 유행이다. 즉, '인생은 한 번 뿐이다'라는 의미에 맞게 현재 자신의 삶의 중요성을 생각하며 열심히 할일도 하면서 맛집을 찾기 위해 여행을 다니기도 하는 것이다.

해외에 나가보면 금방 우리나라 음식이 종류가 다양하고 맛도 좋다는 것을 깨닫게 된다. 나도 해외에 나가 있으면 제일 아쉬운 것이 한국 음식을 잘 먹지 못하는 것이다. 누구나 한번쯤은 해외에 나가면 밥과 김치가 더 먹고 싶었던 경험이 있을 것이다.

프랑스는 어떠한가? 프랑스는 음식의 천국이라고 말할 만큼 음식의 종류가 다양하다. 우리가 알고 있는 '미슐랭가이드'라는 것도 프랑스에서 유래됐을 정도로 세계 미식가들 사이에서 프랑스는 빠질 수 없다. 미슐랭michelin은 1895년 설립된 프랑스 타이어 회사의 이름이었다. 프랑스를 여행하는 사람들에게 무료로 배포하여 타이어 정보, 도로 법규, 주유소 위치 등 기본적인 내용을 담았는데 운전자들의 허기를 달래주기 위해 식당 정보도 포함되어 있었다. 그러나 해가 갈수록 식당 지침서로도 유명해지기 시작해서 지금에 이르렀다는 것이다. 우리나라도 현재 세계에서 28번째, 아시아에서는 일본, 중국, 싱가포르에 이어 4번째로 2016년 11월에 《2017 미슐랭 가이드 서울》이 출간되었다. 그만큼 프랑스의 식도락 문화는 세계에서 인정을 해준다는 것을 알 수 있다.

한국에도 우리 일상에서 쉽게 발견할 수 있는 프랑스 음식이 있다. 내가 프랑스에 갈 당시 2013년쯤에는 쉽게 발견하지 못했지만, 요즘에는 따로 이 전문 카페도 생겨난 것을 볼 수 있다. 바로 '마카롱'이다. 개인적으로 프랑스의 음식 중에서 디저트가 다른 나라와 크게 다른 것을 느낄 수 있었다. 종류도 종류지만, 맛도 최고다. 지금은 카페나, 마트에서도 쉽게 마카롱을 발견할 수 있다. 프랑스의 정통 마카롱과는 좀 차이가 있을지 몰라도 단것을 좋아하는 사람들에게는 최고의 디저트다.

프랑스는 식사를 하고 디저트를 꼭 먹는 습관이 있다. 그 이유로 보통 프랑스 현지에서 식사를 하면 메뉴판에 전식, 본식, 후식으로 나뉘어져 있는 것을 볼 수 있다. 반대로 한국의 보통 가정집에서는 밥과 함께 메인 메뉴를 중심으로 여러 가지 반찬을 먹고, 후식으로 과일이나 차를 먹는다. 그러나 프랑스에서의 식사는 정말 하루 종일 이어지는 때도 있다. 전식을 시작으로 1시간 정도 흐르면 그때서야 간단한 요리가 나오기 시작하고, 메인 요리는 그 다음에 나온다. 그들에게 음식은 곧 웃고 대화하며 즐거운 시간을 보내기 위한 하나의 매개체이다.

프랑스의 레스토랑에 가게 되면 보통 음식 값이 저렴하지 않고, 일반 서민에게는 부담이 될 정도로 비싼 감이 있다. 그래서 프랑스 현지 서민들은 외식은 가끔 하고, 집에서 요리를 해먹는다. 주말 아침이면 뽈레호티를 먹는다는 이야기를 들었는데 '뽈레호티' 뽈레Poulet는 프랑스어로 닭이라는 뜻이고, 호티Roti는 구운 요리를 뜻한다. 그래서 구운 통닭을 의미한다. 우리나라 길거리에 있는 전기 통닭구이와 비슷하지만 맛과 식감은 다르다.

파리에 사는 동안 치킨을 좋아해서인지 뽈레호티가 궁금했다. 그래서 마트나 시장을 찾았는데 뽈레호티는 어디를 가나 쉽게 찾을 수 있었다. 마트에서는 보통 요리되어서 유통된 랩에 싸여 신선도 유지를 위해 냉장 보관이 되어 있다면 길거리 시장에서는 바로 요리가 된 것을 구매할 수 있었다. 이때부터 내 주말 아침 식사는 뽈레호티가 되었다. 야채, 과일 등 일주일치 장을 보는 것과 동시에 꼭 뽈레호티를 구매했다. 사실 이 뽈레호티 구이 기계를 지나가면 그냥 지나칠 수 없을 정도로 냄새가 침샘을 자극했다. 한국의 통닭구이와 뭐가 다르냐 할 수 있는데, 소스가 한국과는 다른 맛이 나는 게 일품이다. 소스가 잘 어우러진 뽈레호티는 정말 최고였다. 가격은 크기에 따라 조금 다른데, 10유로 정도면 한 마리를 통째로 구매할 수 있었다. 뽈레호티와 함께, 마트에서 판매하는 각종 야채와 샐러드와 함께 먹으면 한 끼 식사로는 최고였다.

나는 육류 중에 닭 요리를 좋아해서 닭 요리 전문 레스토랑을 자주 찾아 다녔다. 그중 몽마르뜨 근처에 위치하고 있는 '르 꼬끄 히꼬 Le Coq Rico'를 들러보기를 추천한다. 여기서 Le Coq라는 뜻은 수탉이라는 뜻도 있지만 요리에서는 닭과 같다고 보면 된다. 여기서 프랑스 스포츠 브랜드 중에 많은 사람들이 알고 있는 Le Coq sportif 르꼬끄스포르티브는 활동량이 좋은 닭이라는 뜻으로 해석할 수 있다. 뜻을 알고 보면 재미있는데 이외에도 우리 주변에 많은 프랑스 브랜드의 뜻을 보면 알지 못했던 흥미로운 것들을 발견할 수 있게 된다.

이곳에서 나는 닭 한 마리를 주문했는데 가격이 좀 비싸긴 하지만 닭을 3~4달 정도 숙성시키기 때문에 다른 곳보다 살이 연하고 부드러웠다. 그리고 함께 나오는 사이드 메뉴가 푸짐해서 보통 성인 4명이 먹을 수 있는 양이기도 했다. 나와 친구는 양이 많아 다 먹지 못하고 나중에 포장해서 나왔던 기억이 있다. 내가 먹었던 닭 요리 중에 가장 비쌌지만 좋은 경험이었다.

프랑스 음식의 종류를 생각하면 정말 다양하지만, '푸아그라'와 '

달팽이에스카르고' 요리는 꼭 한번 맛보길 추천한다. 푸아그라는 프랑스어로 거위 간을 의미하는데 한국 사람들에게는 호불호가 강한 음식이다. 주로 식전에 먹는 음식으로 현지 식당 메뉴에서 쉽게 찾아볼 수 있고, 마트에서도 찾기 쉽다.

나는 처음 프랑스 집에 초대를 받아서 처음 접해봤는데, 처음 상상하기로는 어떤 요리를 해서 먹는 음식 중에 하나로 상상했지만, 이것과는 다르게 빵에 발라 먹거나 찍어 먹는 것이었다. 나는 푸아그라는 그다지 좋아하지 않는데 맛이 밍밍하고 특별히 끌리는 맛도 아니기 때문이다. 그러나 푸아그라는 17세기 프랑스 왕궁의 쉐프들이 사용했을 만큼 프랑스에서 인기가 높다.

달팽이 요리는 내가 좋아하는 음식 중에 하나로 주로 현지 식당에서 전식으로 많이 먹는다. 에스까르고라고 하는 것은 '달팽이'를 뜻하는 프랑스어다. 허브와 오일, 마늘, 버터 그리고 파슬리로 요리를 하는데 소스가 정말 끝내주게 맛있다. 오일이 들어가 오일리하면서 짭쪼름한 맛이 나는데, 식감은 우리가 주로 먹는 골뱅이를 먹는 느낌과 비슷해서 한국인에게 전혀 부담 없고 맛있다. 보통 하나를 시키게 되면 8마리의 달팽이를 달팽이집이 있는 채로 나오게 되는데, 같이 나오는 에스까르고용 집게와 포크를 이용해 직접 발라내어 먹어야 한다. 먹어 보지 않은 사람은 어떻게 달팽이를 먹느냐 할 수 있지만, 식용 달팽이로써 우리가 일상에서 발견할 수 있는 달팽이는 아니니 걱정하지 않아도 된다.

내가 개인적으로 좋아하는 메인 요리는 프랑스 가정요리 중에 하나인 뷔프부르기뇽Boeuf bourguignon이다. 우리나라 갈비찜과 비슷한데 여기서 '뷔프'라는 뜻은 쇠고기를 의미하고 '부르기뇽'은 와인으로도 유명한 프랑스 부르고뉴 지방을 의미한다. 즉, 부르고뉴산 적포도주에 쇠고기, 당근, 감자를 넣고 오랫동안 푹 끓인 음식이다. 이 또한 소스가 독특해 구미가 당기고 소스의 양도 적지 않아 같이 내어주는 바게트 빵을 찍어 먹기도 좋다.

프랑스의 시인이자 소설가 샤를 몽스레는 '식도락은 어떤 상황에서든지 모든 연령대가 느낄 수 있는 기쁨이고, 영의 아름다움을 준다'는 말을 남겼다. 프랑스의 음식 문화도 꼭 즐겨보기를 바란다.

파리의 가을은 특별하다

대부분의 사람들은 살면서 한 번쯤은 외국에서 살아보는 꿈을 꾼다. 파리는 수많은 음악가들이 보금자리를 틀만큼 예술의 도시이다. 내가 직접 파리에 살아보니 여행지보다는 직접 정착하여 살아봐야 그 진짜 매력을 느낄 수 있을 것이라 생각한다. 파리의 매력 중에 하나는 테라스 문화이다. 나는 프랑스 레스토랑에서 식사를 하거나 무엇인가를 마시게 되면 테라스에 앉아 있기를 선호한다. 특히 날씨가 좋은 가을에 햇볕이 은은하게 비추는 곳에 자리 잡고 앉아서 파란 하늘과 멋진 건축물, 지나가는 사람들을 구경하며 먹는 식사는 그야말로 최고다. 심지어 겨울에도 식당에서 히터를 틀어주기 때문에 계절에 상관없이 테라스에서 시간을 보내는 프랑스인들을 쉽게 볼 수 있다.

나뿐만 아니라 많은 프랑스인들이 이렇게 실내보다는 실외를 좋아하는 이유를 생각해 보았다. 내가 예전에 프랑스인들을 만나서 피크닉을 가거나 걷다가 잠시 앉아 있을 때 프랑스인들을 보면 모두 햇빛을 좋아했다. 한국인들처럼 자외선을 신경 쓰며 사는 것이 아니라 아무 걱정 없이 햇빛을 그대로 쬐고 있는 것이었다. 그런데 이해가 되는 것이 겨울 시즌이 오면 파리는 해가 뜨는 날보다는 흐리고 어두운 날이 많다. 그러면 정말 나부터도 해가 그리워졌다. 프랑스인들은 햇빛의 소중함을 알고 있는 것이었다. 이러한 이유 때문에 그들이 테라스를 좋아하는 것은 당연지사라고 생각한다.

나는 가을을 좋아한다. 날씨가 포근해서 좋기도 하지만 춥지도 덥지도 않은 선선한 바람이 행복감을 느끼게 하기 때문이다. 특히 여행을 할 때는 날씨가 매우 중요하다고 생각한다. 재작년 여름에 파리 여행을 갔을 때는 날씨가 너무 더워서 제대로 걷기가 힘들었고, 쉽게 지쳐서 파리 느낌을 제대로 느끼기도 어려웠다. 파리는 볼거리가 많은 도시이기 때문에 걸으며 느끼는 것도 많다. 그래서 파리는 낭만의 계절인 가을과 참 잘 어울린다고 생각한다.

파리의 가을은 어느 곳을 가도 모두 특별하지만 작년 가을은 더 기억에 남는다. 나는 몽마르뜨 언덕에서 눈에 보이는 커피숍 테라스에 자리를 잡았다.

"Un café allongé et un croissant s'il vous plaît." 아메리카노 한 잔과 크로와상 빵 하나 주세요.

프랑스에서 처음 방문하는 사람일지라도 이 문장 하나만 알아도 카페 테라스에서 시간을 보내기에는 최고다.

햇볕이 내리쬐는 테라스에 앉아 커피 한잔으로 시간을 보내면 이보다 더 좋을 수는 없다. 악사들이 카페 주변을 돌아다니며 아코디언 연주를 하는데 그 소리에 귀가 호강한다.

우리나라는 아코디언 악기를 쉽게 찾아 볼 수 없지만 파리는 아코디언을 연주하는 사람도 많고 도시와 참 잘 어울린다. 커피 한 잔과 내리쬐는 햇빛 그리고 음악과 어우러진 프랑스어는 프랑스를 낭만의 도시로 만들기에 충분하다. 그런데 유독 파리에서 햇볕이 내리쬐는 것을 좋아하는 이유는 주변 건축물들이 더 빛을 발하기 때문이다. 특히 파리 시내의 갈색 계통의 건물들은 빛을 받으면 황금색으로 변한다. 나는 파란 하늘과 조화가 이루어지는 그 순간을 사랑한다.

또한 나는 파리의 몽마르뜨를 좋아하는데 파리에서 이곳이 가을과 가장 잘 어울리는 장소라고 생각한다. 이곳은 평지로 이루어진 파리에서 제일 높은 곳에 위치한 동네로 오르막과 내리막 길이 존재한다. 메트로역에서 내려 몽마르뜨 언덕을 올라가서 사크레꾀흐 성당에 도착하게 되면 파리 시내 전경을 둘러볼 수 있다. 몽마르뜨는 예술가들의 삶이 묻어 있는 장소이기도 하다. 19세기~20세기 초 파리는 전 세계 예술의 중심이었고, 그 당시 예술가들이 파리로 몰려들어 서로 교류를 하며 많은 흔적을 남기기도 했다. 우리가 알고 있는 빈센트 반 고흐, 파블로 피카소, 아메데오 모딜리아니 등 당대 유명한 예술가들의 삶의 터전이었고, 지금도 몽마르뜨 언덕 뒤편에서는 관광객들을 상대로 그림을 그리는 화가들이 많다. 아직 내가 그림을 요청한 적은 없지만 나는 이 광경을 무척이나 좋아한다.

파리 어느 시내를 둘러봐도 몽마르뜨와 같은 분위기는 없다. 몽마르뜨는 그 특유의 감성과 분위기가 있다. 이곳저곳으로 올라가고 내려가는 골목들의 분위기는 마치 내가 영화 속에 있는 것 같은 착각을 주기도 한다. 실제로 영화 '아멜리에'가 촬영된 장소이기도 하다. 근데 사실 몽마르뜨가 위치한 곳은 파리 북쪽인 18구다.

18구는 많은 사람들에게 위험한 장소로 알려져 있는 곳이다. 근데 사실 알고 보면 그렇지 않다는 것을 알 수 있다. 몽마르뜨 동네도 어디냐에 따라 큰 차이가 있다. 사크레쾨흐 성당이 보이는 정면으로 올라가는 오르막길은 좀 위험하다. 사실 내가 볼 때는 위험하다고 생각하지 않는데 해외여행 경험이 적거나, 외국인에 대한 울렁증 같은 것이 있다면 그렇게 생각할 수 있다. 주의해야 할 점은 단지 앞에서 말을 거는 흑인들이나 아랍인들만 조심하면 된다. 그들은 여행객들에게 무언가를 판매하기 위해 어슬렁거리기 때문에 그들만 조심한다면 특별히 위험할 것은 없을 것이다. 만약 조용한 몽마르뜨 동네를 느끼며 정상에 올라가고 싶다면 메트로 12호선 Lamarck Caulaincourt 역에서 내려서 가길 추천한다. 분위기가 사뭇 다를 것이다.

파리에서 날씨가 좋을 때 꼭 해야 하는 것이 있는데 바로 피크닉이다. 소풍을 뜻하는 피크닉은 프랑스어에서 온 단어다. 피크닉 장소로는 많은 곳이 있지만 센 강, 에펠탑 광장, 시내의 많은 공원들을 추천하는데, 전부 느낌이 달라서 가능하면 다 가보면 좋다. 파리의 피크닉 문화도 우리나라와 비슷한데 단지 먹고 마시는 종류만 다르다. 파리는 주로 피크닉을 하면 와인, 바게트 빵, 치즈, 햄, 스낵, 샐러드 정도를 주로 먹는다. 한번은 미국에서 오래 살던 친구와 대화를 나눴는데 미국은 길거리에서 술을 마시는 것이 불법이라고 하며 술을 마실 수 있는 파리가 부럽다고 하기도 했다. 그만큼 자유가 허락되는 파리지만 거기에 따른 문제들도 사회적으로 이슈화되기도 한다.

파리의 가을은 곧 겨울이 다가와 추운 날씨로 인해 피크닉을 즐기지 못하기 때문에, 다른 계절보다 더 프랑스 사람들은 피크닉을 즐기려고 하는 것 같다. 10월이 지나 11월이 되면 날씨도 쌀쌀해지고 비도 자주 내려 해가 잘 뜨지 않기 때문에 그 순간을 최대한 즐기려는 것 같이 보인다.

나도 파리에서 생활하며 좋아했던 문화인 피크닉을 못하는 겨울이 찾아왔을 때는 아쉬운 마음이 컸다. 만약 당신에 파리에 가게 된다면 사계절 중에 가을을 계획하고 센 강이나 에펠탑 앞의 잔디밭에 앉아 시간을 보내는 것을 추천한다. 그 추억은 인생에서 최고의 기억 중에 하나로 남게 될 것이다.

아무것도 하지 않아도 행복한 도시, 파리

나는 해외여행을 할 때 좋아하는 장소가 있다. 바로 공원이다. 국가에 상관없이 어디를 가든지 꼭 찾는데 지금까지 25개국이 넘는 국가를 여행하면서 그 도시에서 유명한 공원을 들려서 실제 현지인들을 만나고 그들 중 운동을 하는 사람들을 보며 자극을 받기도 하면서 그곳의 분위기를 느낀다. 공원은 복잡한 마음이 가라앉으면서 편안해지는 장소이기도 하다. 지금까지 여행을 하며 가장 기억에 남은 공원을 꼽으라고 하면 뉴욕 맨해튼에 위치한 센트럴파크이다.

뉴욕의 센트럴파크는 일단 크기가 굉장하다. 길이가 4km, 폭이 0.8km로 공원 안에 동물원도 존재한다. 도시에 공원이 있다는 것은 축복이다. 유명한 미국 드라마나 영화의 배경이 되기도 하는 공원으로 자연과 도시가 함께 어우러져있는 풍경이 현대인들이 잠시나마 쉬어갈 수 있게 해주는 치료제와 같은 것이다. 마치 눈의 피로를 자연으로 치료하는 것처럼 이곳에 있으면 몸과 마음이 동시에 치유가 되는 기분이 들었다. 하지만 내가 이곳보다 더 좋아하는 곳이 있다면 파리의 공원이다. 한번은 내가 파리에 살 때 만난 영국 친구에게 파리를 좋아하는 이유에 대해 물었다. 그 친구는 "파리는 공원이 런던에 비해 많아서 좋아." 그 친구의 말이 맞다. 파리는 공원이 참 많기도 했고, 공원마다 느낌이 다 다르고 특색이 있다.

또한 프랑스인들은 정원을 가꾸는 것을 좋아하는데 오히려 풀을 밟는 것에 대해서는 관대하다. 그래서 흔히 정원의 풀밭에 앉아서 피크닉을 즐기는 사람들을 쉽게 발견할 수 있다. 우리나라에서는 잔디밭에 앉는 것도 팻말로 금지하는 하는 일이 많은데 이럴 때면 조금은 아쉬운 마음이 드는 것도 사실이다. 그래서 프랑스를 갈 때는 현지인들과 어울리며 그들과 같이 풀밭에서 시간을 보내는 것을 좋아한다. 그럴 땐 나도 자연과 하나가 되는 기분이 든다.

잠시 프랑스에 가게 되면 꼭 가봐야 할 공원 몇 군데를 소개해 보겠다.

뛸르리 가든 Jardin des Tuleries

먼저 루브르 박물관 바로 옆에 위치한 뛸르리 가든이다. 파리하면 파리의 건축물을 빼놓고 이야기할 수 없지만 파리의 가든도 빼놓을 수 없다. 먼저 가든 또는 정원에 해당하는 프랑스어는 Jardin자흐당이라고 한다. 그리고 공원은 빠크Parc라고 한다. 사실 두 장소의 큰 차이는 없고 어느 곳은 Jardin이라고 하고 Parc라고 하기도 한다.

프랑스는 공원과 정원을 꾸미는 것에 신경을 많이 쓴다. 그래서 그런지 자흐당 Jardin정원을 뜻하는 이 단어에서 파생된 게 많다. 'Jardiner'라고 하면 '정원을 가꾸다'라는 동사가 되고 Jardinage라고 하면 '정원 가꾸기'라는 명사가 된다.

뛸르리 정원은 루브르 박물관을 들렀다가 나와서 산책하기 좋다. 바로 옆에는 센 강도 있기 때문에 센 강을 산책하다가 잠시 들러 쉬어가기 좋기도 하다. 파리에 살 때는 근처에 어학교가 있었기 때문에 수업이 끝나고 반 친구들과 같이 와서 느지막한 오후쯤 여유롭게 시간을 보내기도 하고 점심을 먹기도 했다.

뛸르리 정원의 특징은 정원 띄엄띄엄 인공 호수가 있는데, 인공 호수 주변에 초록색 의자가 둘러져 있어 사람들이 앉아서 쉴 수 있게 해놓았다. 인상주의의 아버지라고 불리는 카미유 피사로도 이곳을 거닐며 뛸르리 정원의 다양한 풍경을 그렸다. 대표작으로는 비가 내리는 날의 하늘을 서정적으로 묘사한 「비 오는 날의 튈르리 정원(1899)」이 있다. 이곳에서 날씨가 좋을 때 앉아 있으면 마음까지 편안해진다. 그리고 루브르 박물관을 등지고 앞을 보면 개선문이 보이는데 오후 4~5시경, 노을이 질 때 보면 멋진 광경을 볼 수 있다. 그 광경을 보며 콩코드 광장을 지나 개선문 쪽으로 향해 걸어가며 여행 코스를 짜도 좋은 계획이 될 것이다.

룩셈부르크 정원 Jardin du Luxembourg

파리의 모든 곳을 좋아하지만 그중에 내가 좋아하는 곳은 생미셸 Saint-Michel이다. 메트로 역에서 나오면 바로 앞에는 센 강이 흐르고, 우측 편에 노트르담 성당이 보인다. 그리고 이 구역을 대표하는 분수대가 있고, 파리를 대표하는 노란색 간판의 서점 지베르존Gibert Jeune을 발견할 수 있다. 그리고 소르본 대학 방향으로 조금 걷다 보면 왼쪽 골목 사이로 레스토랑들이 줄지어 있는데 세트 메뉴를 20유로 안으로 프랑스 음식을 맛볼 수 있다. 그래서 그런지 유독 관광객들이 많아 보이기도 하는 곳이다. 계속해서 올라가면 룩셈부르크 정원이 나온다. 정원 크기가 커서 들어갈 수 있는 입구의 개수는 많은데 이 정원은 해가 질 무렵인 오후 4시쯤에 가는 것을 추천한다. 가을 분위기에 맞게 하늘이 노랗게 물들이면서 보이는 에펠탑은 영화의 한 장면처럼 느껴지기 때문이다. 사람들도 여유롭게 시간을 보내며 책을 읽는 사람, 대화를 나누는 사람, 낮잠을 자는 사람 등 여러 모습을 볼 수 있다. 어떨 때는 이곳에서 음악회도 열리는데 한 번은 오케스트라 공연이 열리고 있었고 모든 것이 완벽한데다 음악까지 더해지니 더할 나위 없는 행복을 느끼기도 하였다. 그냥 이곳에서는 아무것도 하지 않아도 좋다.

뷔뜨-쇼몽 공원 Parc des buttes-chaumont

파리의 행정구역상 19구에 위치한 이 공원은 1860년대 채석장과 쓰레기 처리장으로 사용되던 곳이었는데 나폴레옹 3세 때 탈바꿈한 공원이다. 일단 이 공원은 파리 중심에 위치한 공원들과는 분위기가 많이 다르고 약간의 언덕도 존재한다. 듣기로는 파리 현지인들이 아끼고 자주 가는 공원이라고 한다. 파리 중심가에서는 좀 거리가 있기 때문에 파리에 살 때는 사실 잘 몰라서 가보지 않았던 공원이다.

나는 공원에서 시간을 보내기 위해 아침 일찍 찬 가을 공기를 마시며 부지런히 움직였다. 그곳에는 운동하는 사람이 보이고 벤치에 앉아서 신문을 읽으며 하루를 여는 사람들이 많았다. 나 또한 그들을 보며 나도 모르게 에너지가 솟았다. 그리고 공원에 가면 항상 찾게 되는 것이 있는데 바로 호수다. 이 공원도 구글 지도를 확인해 보니 작은 호수가 있었고 자연스럽게 그곳으로 발걸음을 향했다. 아침이라 그런지 사람도 많지 않아 한적하고 너무 평안한 분위기였다.

나는 그때 아침식사를 하지 않아 호수 바로 앞에 위치한 작은 카페테라스에 앉아 커피와 마들렌(프랑스식 작은 크기의 빵)을 먹으며 "이 공원 바로 옆에 살며 이렇게 하루를 시작하면 좋을 텐데."라는 말이 절로 나왔다. 동시에 내가 살고 있는 한국의 동네와 비교가 되었다. 아무리 찾아봐도 이러한 분위기를 내는 공원은 없었다. 지금 생각해보면 그냥 똑같이 푸르른 나무와 풀인데 뭐가 그렇게 다를까? 생각을 했다. 한국과는 다른 나무의 웅장함, 파리 시내의 미적 감각이 뛰어난 건축물, 그리고 공기가 달랐다. 그러면서 다시 파리에 와서 살고 싶은 생각이 들었고, 다시 산다면 공원 옆에 살아야겠다고 생각했다. 만약 당신이 프랑스에 가면 한 번쯤은 파리의 뷰뜨 쇼몽 공원에서 아침을 맞아보길 바란다. 파리의 하루가 새로운 삶으로 인도할 수 있을 것이다.

몽쏘 공원 Parc monceau

몽쏘 공원은 내가 파리에 살 때 생일 날 그 당시 어학원 친구들과 함께 파티를 했던 곳이다. 그래서 아직도 기억에 많이 남는다. 평소에도 간단한 먹을거리와 음료를 구매해 잔디에 들어가서 편안히 자리를 잡고 앉아 시간을 보냈다. 나 역시 프랑스인들처럼 햇볕이 살짝 내리쬐는 자리를 잡고 친구들과 둘러앉아 웃으며 대화를 나누는 것으로 시간을 보냈다. 그때 외국인 친구들도 있었기 때문에 프랑스어 아니면 영어를 사용해야 했는데 나는 이러 시간을 좋아했다.

특히 프랑스어 공부를 할 때는 혼자만의 집중하는 시간도 중요했지만 사람들과 어울리며 실제로 내 입으로 말을 하는 시간도 중요하다고 생각했다. 언어라는 것은 곧 듣고, 말하기가 기본이라고 생각하기 때문에 외국 친구들과 그 시간을 즐기며 동시에 공부했던 것이다. 물론 그 당시에는 공부라고 생각하지 않았지만 아무래도 이러한 시간들이 차곡차곡 쌓여 지금의 내 프랑스어 실력을 갖게 되었다고 생각한다. 지금 생각해보면 내가 했던 모든 순간들이 중요한 때였던 것 같다.

이 공원은 주로 관광객들보다 현지인들이 자주 찾는 공원이다. 한번은 여행할 때, 이 공원이 그리워 들렀는데 아이들이 눈에 많이 띄었다. 학교를 끝내고 엄마와 시간을 보내는 아이부터 젊은 청년들도 많았다. 프랑스는 어릴 때부터 아기들은 부모님을 따라 공원에서 시간을 많이 보내기 때문에 성인이 되어서도 자연스럽게 공원을 찾게 되는 것은 아닌가 하는 생각이 들었다. 동시에 이러한 환경에서 태어난 프랑스인들은 축복받았다고 생각한다.

75유로가 주는 파리의 자유

75유로와 자유는 어떤 관계가 있을까? 75유로는 우리나라 돈으로 약 10만 원에 해당하는 가치의 돈이다. 우리나라에서 10만 원으로 얼마나 많은 것을 할 수 있을까? 방송사에서는 〈만 원의 행복〉, 〈짠내투어〉와 같은 예능 프로그램을 방송하며 적은 돈으로도 큰 행복을 느낄 수 있다는 것을 우리에게 알려준다. 결국 행복이란 돈의 액수가 중요한 것이 아니라고 말해주고 싶은 것 같다.

자유가 있다는 것은 어떤 의미일까? 우리는 현재 자유가 보장되는 시대에 살고 있다. 물론 그렇지 않은 국가도 아직 존재하긴 하지만 적어도 이 책을 읽고 있는 당신은 마음만 먹으면 언제든 해외여행을 떠날 수 있다. 그러나 자유가 있다는 것은 그것에 따른 책임이 따른다. 즉, 자유가 있다는 것이 마냥 좋은 것만은 아닌 것이다. 누구에게는 자유가 간절히 바랐던 것일지 모르지만 자유란 현대인에게는 고통이 될 수도 있다.

아무도 인생을 책임져 주지 않는다는 말을 들어봤을 것이다. 즉 인생은 우리가 선택을 하며 그 선택에 따른 결과도 스스로 받아들여야 한다는 것이다. 자유에 따른 부작용 중에 한 예로 선택장애를 들 수 있다. 우리는 매일 같이 무엇을 먹을지, 어디를 갈지 등과 같은 작은 선택부터 대학입시, 취업, 결혼과 같은 큰 선택을 하며 살아간다. 누군가에게는 자유가 행복이지만 또 다른 이에게는 스트레스인 셈이다. 결국 자유가 당연시 여겨지지 않았던 시절 간절히 바랐던 자유는 현대인들에게는 그 자유가 너무 당연한 나머지 잘 누리며 살지 못함과 동시에 고통을 받고 있지는 않은가 생각해본다.

나 또한 자유가 당연시 여겨지는 시대에 태어나 살고 있기 때문에 가끔은 내게 주어진 자유를 맘껏 누리지 못하고 사는 내 자신을 발견하기도 한다. 매번 선택을 해야 하는 삶을 사는 우리는 모두 이런 생각을 한 번쯤은 할 거라고 생각한다. 그러면서 참 아이러니하다고 생각한다. 자신에게 자유가 있음에도 자유를 누리지 못하고 살아가는 사람이 많다. 하고 싶은 것이 있어도 바쁘고 반복되는 일상생활로 인해 '언젠가는 할 거야'라고 자기에게 최면을 걸면서 말이다. 100세까지 산다고 했을 때, 약 3만일 정도를 사는 셈이다. 그럼 대충 우리에게 남은 인생이 얼마가 남았는지 계산할 수 있다. 당신이 예를 들어 30세라면 이미 1만 일을 살았고, 이제 2만 일 정도가 남은 것이다. 인생은 언제까지나 당신을 기다려주지 않는다.

여행을 할 때 경비가 가장 많이 드는 것은 항공권과 숙소 그리고 식비일 것이다. 그리고 생각보다 많이 드는 항목이 이동 경비이다. 특히 프랑스 파리 같은 경우 주로 이동할 때 메트로를 이용하는데 그 비용이 생각보다 꽤 비싸다. 내가 2013~2014년에 파리에 살 때도 보통 티켓을 1개씩 구매하거나 10개를 한꺼번에 구매해서 약간의 할인을 받아 메트로를 이용해야 했다. 그리고 파리 메트로로 이동할 수 있는 곳이 아닌 RER선을 타고 외곽 지역을 갈 때는 구역이 달라지기 때문에 비용이 더 늘어났다. 이 이유로 파리 시내에서 떨어진 공항으로 이동할 때는 새로 티켓을 구매해야 했다.

그런데 최근 파리에 갔을 때는 예전에 없던 시스템이 새로 생겨 75유로를 지불하고 나비고NAVIGO 카드를 구매하면 한 달에 횟수와 구역에 상관없이 이동이 가능했다. 파리 교외 지역도 갈 예정이어서 나에게는 너무 좋은 방법이었다. 나에게는 75유로를 지불하고 어디든 갈 수 있는 자유가 주어졌던 것이다. 단, 매달 시작하는 1일부터 그달의 마지막 날짜까지 사용이 가능하다. 만약 일주일을 여행하는 경우는 월요일부터 일요일까지 사용이 가능한 나비고를 구매해야 하는데 비용은 22.15유로다. 그런데 여기서 주의해야 할 점은 한 달 권을 보름이 지나서 구매해도 종료기간이 해당하는 달의 마지막 달이고, 일주일 권은 매주 월요일부터 시작이기 때문에 수요일에 구매하면 일요일에 종료가 되기 때문에 그만큼 사용할 수 있는 날이 줄어들게 된다. 그래서 이점만 주의한다면 파리를 여행하기에 아주 좋은 방법이라고 생각한다. 한 가지 더 팁이 있다면 이 방법으로 여행을 계획한다면, 소지하고 있는 반명함 사진(혹은 여권사진) 하나를 꼭 가져가야 한다. 나비고 카드에 사진을 붙여 이 카드의 소유자가 나라는 것을 나타내야 하기 때문이다. 나는 사실 모르고 가서 5유로를 주고 메트로 안에 설치되어 있는 즉석 사진 기계로 사진을 찍어 붙였다.

카드가 있다면 이제 파리와 그 외의 교외지역까지 무제한으로 자유롭게 다닐 수 있다. 매번 메트로 티켓을 구입을 하면서 이동을 해야 할 때는 구매 시간도 걸리고, 현금으로 구입하게 되면 잔돈 처리도 불편했는데 참 편했다. 또한 경제적인 측면으로 따졌을 때도 나비고 카드가 훨씬 저렴하다. 나비고 카드의 장점은 파리의 모든 교통수단을 이용할 수 있는데 버스, 트램도 제한 없이 이용이 가능하다.

나도 최근에 파리를 여행할 때는 나비고 카드를 이용해서 파리 중심에서 약 메트로로 50분 거리에 있는 파리 디즈니랜드와 그 근처에 위치한 아울렛, 라발레 빌리지를 다녀왔다. 요즘엔 애플리케이션이 잘 되어 있어서 구글 맵, 씨티 맵퍼라는 어플만 있으면 목적지까지 어떤 방법으로 가는 게 가장 좋은 방법인지 자세히 알려준다. 그런데 파리는 항상 대중교통과 관련해 문제가 발생하고, 공사를 자주 하는 도시이다. 그 이유로 가기 전에 검색을 하고 가는 게 좋은데 아울렛을 갈 때는 특정 역간의 운행을 하지 않는다는 것을 알고 중간에 내려 버스로 갈아타야만 한다. 파리 중심가가 아니기에 나비고가 없다면 이 비용만 해도 몇 십 유로가 나왔을 것이다. 파리에 와서 쇼핑 계획이 있다면 하루 날을 잡아서 라발레 빌리지 아울렛에 가보는 것을 추천한다.

디즈니랜드를 갈 때는 다행히 문제가 없어서 다른 대중교통의 환승 없이 잘 이동했다. 디즈니랜드는 파리에 살 때도 한 번도 가보지 않았는데, 볼거리가 많아서 좋았다. 물론 놀이기구도 있으나 한국의 스릴 넘치는 놀이기구에 비하면 감흥이 크진 않지만 가족 단위나 애니메이션을 좋아하는 사람들에게 추천한다. 미국 디즈니랜드를 다녀온 사람에게 듣기로는 상대적으로 파리 디즈니랜드는 크기가 많이 작다고 한다.

이제 여러분의 차례다. 여러분에게도 75유로의 자유가 있다면 어떻게 활용할 것인가? 지금 우리에게 자유가 주어진 것을 당연시 여기지 말고 선택의 스트레스를 최소화하고, '자유'를 마음껏 누리며 살면 어떨까? 그곳이 어디든지 말이다.

Be careful!
파리 메트로

파리의 메트로 하면 무엇이 가장 먼저 떠오를까? 파리의 메트로는 1900년도 7월 19일 첫 개장을 했다. 그리고 처음 오픈 한 라인이 지금의 1호선이다. 파리의 메트로는 총 16개의 호선으로 나누어져 있으며 그 이외에도 우리나라 경의선, 중앙선과 같은 교외 지역으로 갈 수 있는 라인도 있다. 역사적으로 보면 이미 한 세기 이상 된 운송 수단인 것이다.

파리에 가본 사람은 알겠지만 파리의 메트로는 예술의 도시와 맞지 않게 더럽기도 하고, 냄새가 나기도 한다. 파리 시는 그러한 메트로를 복구하거나 청소를 하는 데 비용을 크게 들이지 않는다. 복지가 좋은 나라, 세금을 많이 걷는 나라임에도 불구하고 파리 시민들이 매일 같이 이용하는 이동 수단인 메트로를 왜 잘 관리하지 않는지 궁금증이 들기도 한다.

파리 메트로역 이름이 다 프랑스어로 되어 있어서 어떤 뜻인지 모르는 사람도 있다. 사실 역 이름을 알고 나면 재미있다. 그중 우리가 알고 있는 유명인들의 이름도 쉽게 찾아볼 수 있다. 가끔은 그냥 지나쳤던 메트로역 이름의 뜻이 무엇인지 궁금해서 찾아보거나 또는 해석해보면 웃음이 나기도 한다. 프랑스어를 한참 공부할 때는 메트로 안내방송을 따라 말하기도 하고 모르는 단어가 나왔을 땐 현지 친구한테 물어봤던 기억이 난다. 그리고 그게 습관이 되어서인지 그 이후 파리에 방문하여 메트로를 이용할 때면 항상 따라 말하곤 한다. 그렇게 나는 발음 연습과 듣기 연습을 했다.

우리나라 지하철과 비교하면 우리나라 지하철역 이름은 대부분 지역, 동네 이름으로 지어져 있는 것을 많이 본다. 그래서 뭔가 딱딱한 느낌이다. 물론 파리의 메트로 또한 지역과 특정 장소의 이름으로 되어 있는 경우도 있지만 예를 들어 다음과 같은 이름을 가진 메트로 역도 있다. 백악관 또는 하얀집 maison blanche, 빨간 성 또는 물의 성chateau rouge, château d'eau 등이다. 또한 대표적인 예로 파리를 대표하는 공항 이름이 샤를드골 Charles de gaulle 공항인데 이 이름은 프랑스를 대표하는 군인이자 정치가였던 샤를드골의 이름에서 따온 것이다. 또한 1호선에는 개선문이 위치한 Charles de gaulle étoile이라는 역도 있다. 여기서 étoile은 별이라는 뜻이다. 이렇게 파리 메트로는 프랑스의 역사적 인물의 이름으로 지어진 역들이 존재한다. 역대 위인의 이름으로 지어진 역이 없는 우리와는 다른 점이다.

파리 메트로를 처음 타던 때가 아직도 기억나는데, 대형견을 아무렇지 않게 데리고 타는 모습이었다. 순간 한국도 대형견을 데리고 탈 수 있었나?라는 생각이 들었다. 한번은 또 프랑스어 강의를 하는 중에 프랑스 유학을 가려는 학생들로부터 파리 메트로에 대한 질문을 받았다. 내가 설명을 하다가 메트로 문이 열릴 때 자동이 아니라 수동으로 직접 문을 열어야 한다고 설명을 하니 학생들이 믿지 못하겠다는 표정을 지었던 기억이 있다. 아무래도 선진국인 프랑스이기도 하니 자동으로 열리고 닫히는 지하철이 익숙한 우리에게는 적잖은 충격이지 않을 수 없을 것이다. 그리고 여름에는 에어컨이 나오지 않아 창문을 열고 다닌다는 사실 또한 받아들이기 어려운 사실이지 싶다.

파리를 좋아하는 사람도 있지만 싫어하는 사람도 있다. 싫어하는 사람들의 이유를 들어보면 꼭 빼먹지 않고 이야기기하는 것이 있는데 바로 메트로다. 좁고, 냄새가 나는데다 노숙자들이 있다고 했다. 파리의 지하철은 한국과는 달리 역내에 화장실이 없다. 그래서 화장실이 당연히 설치되어 있는 우리나라에 살다가 파리에 가게 되면 적응이 안 될 수도 있다. 설치된 지 100년이 넘었다 보니 시설에 문제도 많아 가끔 공사를 해서 운행을 안 하는 역도 있고 승강장 밑에서는 쥐가 발견되기도 한다. 그리고 가끔 환승역은 공사로 인해 일정 기간 동안 운행을 하지 않아 시간이 더 걸려 돌아가야 하는 수고를 해야 한다. 이렇게 공사를 많이 하다 보니 파리 사람들이 유행처럼 자주 하는 말도 생겼다.

"Toujours travaux Toujours travaux! 항상 공사야, 항상 공사!"

또한 'RER'이라는 교외 지역으로 가는 열차도 있는데 크게 A, B,

C, D, E 호선으로 나뉜다. 공사도 많고 오래되었기 때문에 문제도 많이 생기는데 연착이 되거나 운행을 하지 않는 일이 빈번하게 일어난다. 그리고 실제 파리에 살 때, 학교를 가는 중에 갑자기 문제가 생겼다는 안내 방송을 듣고 승강장에서 내려 1시간을 기다려 결국, 근처 버스를 이용하라는 안내를 받고 버스를 타서 학교에 갔던 일도 있었다.

만약 겨울에 눈이 온다면 이야기는 더 달라진다. 파리는 비교적 눈이 많이 내리지 않는 도시라 눈이 많이 오는 날에는 거의 모든 대중교통이 마비된다. 이게 몇 년째 계속 되다 보니 딱히 방법이 없나보다 생각하게 만들었다. 그리고 파리 메트로의 이러한 문제들을 한두 번 겪고 나면 나중엔 체념을 하게 되고 그러려니 생각하게 된다. 나 또한 나중에는 습관처럼 프랑스어로 이러한 말을 내뱉곤 했다.

"Toujours comme ça! ça arrive. C'est la vie." 항상 그렇지! 이런 일은 일어나곤 하니까. 인생은 그런 거야.

즉, 항상 좋은 일만 있을 수는 없다는 말과도 일맥상통한다. 문제는 우리 주변에 항상 일어나기 마련이니까 말이다. 더욱이 프랑스 사람들은 이러한 일이 자연스럽고, 당연히 일어날 수 있는 일이라고 생각하는 것 같았다. 파리의 메트로가 이러한 문제를 안고 있지만 매일같이 이용하면서 내 삶의 일부가 되어 버렸을 때는 장점도 눈에 띄기 시작하면서 단점을 다 덮었다.

메트로의 장점은 첫째, 역간의 거리가 짧아서 목적지까지 금방 도착하는 기분이다. 우리나라는 보통 역간의 거리가 2분~4분으로 다양하지만 보통 파리 내에서는 2분도 채 걸리지 않는다. 승강장 앞에서 보면 가끔은 다음 역의 승강장이 보이기도 한다.

둘째, 메트로 안에 악사들이 음악을 들려준다. 메트로 열차 내에 악사들이 같이 타서 아코디언 연주부터 시작해서 다양한 음악을 들려주는데, 심심할 때 듣는 음악은 귀를 호강시켜준다. 그들의 목적은 음악을 들려주고 수고비로 팁을 요구하는데 주는 건 자유다. 노란색 1호선 콩코드 역의 환승로를 걷다 보면 남성들이 아카펠라 식으로 음악과 노래를 하는데 항상 발걸음을 멈추게 하는 묘한 매력이 있다.

셋째, 에펠탑 근처를 지나가는 그린색 6호선을 타고 지나가며 보이는 에펠탑은 또 다른 감동을 준다. 에펠탑을 볼 수 있는 장소는 파리에 많고 어디서든 기분이 좋다. 그리곤 사진을 찍게 만든다. 메트로를 타고 지나가며 보는 에펠탑은 색다른 기분이 들게 만든다.

메트로와 관련해서는 많은 이야기를 할 수 있지만 사실 이러한 장점이 있음에도 파리 시내에서 제일 조심해야 할 곳이기도 하다. 파리 메트로를 이용할 때 많은 안내 방송이 나오지만, 지금까지도 제일 많이 나오는 방송이 있다. 바로 소매치기범을 조심하라는 안내 방송이다. 그리고 파리를 방문하는 여행객들에게 가장 많이 하는 말이고, 나 또한 누군가가 조언을 부탁하면 항상 메트로에서 조심하라는 말을 한다. 그 이유는 실제로 내가 파리에 살 때 지인들로부터 파리에서 휴대폰을 소매치기 당했다는 소리를 들었었다. 심지어는 가방을 칼로 자른 후에 내용물들을 훔쳐갔다는 이야기까지 들었다. 그리고 특히 여성을 상대로 한 소매치기가 많은데, 문이 닫히는 그 짧은 시간에 문 앞 쪽에 앉아 있는 사람의 휴대폰을 낚아챈 다음에 도망을 간다는 이야기도 들었다.

나는 파리에 살기도 하고, 여행도 여러 번 했으나 아직 내게 별다른 일이 일어난 경험은 없어서 '나는 괜찮겠지'라는 생각을 했었다. 그런데 최근에 여행을 하면서 총 3번이나 물건을 소매치기 당할 뻔했다. 다행히 잃어버린 물건은 없지만 지금도 생각하면 아찔하다. 보통 이런 소매치기 범들은 나이가 많은 어른이 아닌 10대로 보이는 어린아이들이 많다. 물론 전부가 그렇지는 않지만 대부분 그렇다. 그리고 주로 아랍계 느낌이 나는 사람들이 많다. 인종차별적인 발언을 하는 것이 아니고, 실제로도 프랑스에서 문제를 일으키는 인종들을 보면 아랍계통이 많다.

그 당시 나는 내부가 보이는 크로스백을 메고 있었고 메트로 열차를 타려고 기다리는데, 누군가가 나에게 가까이 다가와 내 가방 안을 힐끗 쳐다보며 지나가는 것을 느꼈다. 난 좀 이상하다 생각하여 가방 안을 보고 잃어버린 물건은 없는지 확인했다. 그때 마침 열차가 도착하였는데 갑자기 그 의심을 주었던 사람 주변으로 2명 정도가 더 붙더니 나와 같이 올라타려는 것이었다. 불길한 예감에 빠른 걸음으로 몇 칸 더 이동하여 올라탔다. 목적지가 몇 정거장 떨어져 있지 않았고, 다행히도 아무 일도 생기지 않았다. 이때도 생각해보면 그들의 나이가 성인이 아닌 중고등학생처럼 보이는 학생들이었다.

이 일이 있고 며칠 후 메트로를 타고 이동하는 중에 환승을 하는 중이었다. 승강장으로 내려가기 위해 계단을 내려가는데 누군가가 뒤에서 소리를 쳤다. 나는 순간 무슨 일이지 하는 생각으로 뒤를 돌아봤다. 그 찰나에 내 물건 몇 개가 땅에 떨어졌고 누군가가 내 가방에 손을 집어넣었다가 빼는 느낌을 받았다. 나는 순간 놀라지 않을 수 없었다. 확인해보니 누군가가 나를 도와주려고 소리를 질렀고, 내 물건에 손을 댔던 소매치기범은 이번에도 역시 나이가 어려 보였다. 내가 프랑스어로 물건을 훔치려고 했냐고 물어봤는데 그는 말을 얼버무리기만 했다. 나도 너무 당황한 나머지 말을 오래 하지는 못했고, 내 소지품이 없어진 건 없는지 확인하는 데에 집중했다. 나를 도와주려던 사람은 프랑스인이었는데 내가 외국인인 신분으로 여행을 하는 것으로 생각하고 영어로 "조심해!"라고 이야기하며 상황이 종료되었다. 그때 땅에 떨어진 내 물건은 선글라스 케이스와 핀 마이크 케이스였다. 다행히도 중요한 물건은 아니었다. 만약 지갑이나 중요한 물건을 도둑맞았다면 어땠을까 생각하니 정말 아찔했다. 나는 나를 도와준 프랑스인에게 고맙다는 말을 인사하고 자리를 벗어났다.

마지막 사건은 내가 친구와 마트에서 장을 보고 양손에 짐을 들고 가고 있었다. 여유로운 손이 없었고 정신도 없었다. 우리는 메트로를 타기 위해 개찰구를 통과해야 했는데 카드를 찍고 지나가는 찰나 먼저 앞서간 친구 뒤를 아랍계 계통의 어떤 한 사람이 뒤에 바짝 달라붙는 것이었다. 나는 순간 조심하라고 소리를 질렀다. 그리고 파리는 개찰구를 건너뛰거나 밑으로 기어서 넘어가는 사람이 있다. 가끔은 같이 지나갈 수 있는지 물어보는 경우도 있다. 우리나라 같은 경우는 지하철에서 내려 개찰구를 나갈 때도 카드를 찍어야 하지만, 파리는 나갈 때는 그냥 나갈 수 있기 때문에 사람들 인식이 어떻게 들어가기만 하면 나올 수 있다고 생각해서 무인승차를 비교적 많이 하는 편인 것 같다. 이런 파리의 상황 때문에 나는 친구 뒤를 따르는 사람들도 그냥 따라서 통과만 하려는 줄 알았다. 그런데 자세히 보니 주머니에 손을 넣으려는 행동을 하는 것이 아닌가? 그래서 나도 모르게 순간 소리를 질렀고, 다행히도 그는 친구 외투에서 손을 떼고 그 자리를 황급히 떠났다.

사건들을 정리해보면 이렇게 세 번 모두 다 메트로에서 생긴 일이었다. 참 희한한 일이었다. 2년 가까이 살기도 하고, 여행으로 몇 번씩이나 방문한 파리였지만 한 번도 나에게 그러한 일이 생기지 않았기 때문에 충격이었다. 그 이후로 파리를 떠나기 전까지 무사히 여행을 하고 귀국할 수 있었지만 누구에게나 일어날 수 있는 일이고, 내 안일했던 생각이 잘못되었다는 것을 깨달았다. 어디를 가든 항상 위험한 일이 벌어지긴 하지만 파리에 가게 되면 특히 메트로에서의 소매치기를 조심하라고 당부하고 싶다.

노숙자들마저 멋진 모델이 되는 파리

나는 여행을 하며 풍경사진을 찍는 것을 좋아한다. 하지만 그보다 더 좋아하는 것은 스냅으로 인물 촬영을 하는 것이다. 특히 파리 배경의 사진은 누구나 모델이 될 수 있다. 작년 가을 여행 초반에 생마르텡 운하 근처에서 점심을 먹고 여유로운 오후 시간을 보내고 있었는데, 갑자기 술 냄새가 풍기면서 노숙자 같은 차림새를 한 프랑스인이 다가오더니 담배를 요구했다.

파리를 여행하다 보면 현지인들이 가끔 다가와 뭐라고 하는 경우가 있는데, 만약 프랑스어로 물어 본다면, 십중팔구는 담배 혹은 라이터가 있는지 물어본 것이다. 나도 여행을 하며 여러 번 많은 사람들에게 이와 같은 요구를 받았다. 그때는 그냥 손으로 없다는 표시를 하면 보통 말없이 그냥 지나간다. 그런데 이 사람은 주변에서 맴돌았다. 나도 모르게 사진으로 이 장면을 남기고 싶어 카메라 셔터를 눌렀고 나중에 확인해보니, 따스한 햇볕으로 인해 결과물이 만족스러웠고 멋진 분위기가 연출되었다. 나는 순간 이런 말이 입 밖으로 나왔다.

'우아, 파리는 노숙자들도 멋있네.'

노숙자들도 모델로 만들어 주는 파리, 나는 그곳에 있었다. 해외여행을 많이 해보지 않은 사람들은 이런 생각을 하는 경우도 있을 것이다. '파리 같은 곳에는 노숙자가 없지 않을까? 선진국이잖아!' 그러나 파리도 사람들이 사는 곳이고 노숙자들도 존재한다.

전 세계 어디를 가도 노숙자들은 있기 마련이다. 우리나라와 다른 점이라면 그들은 혼자 다니지 않고, 대부분 개와 같은 애완동물을 데리고 다닌다. 한 번은 파리 중심에 위치한 오페라 역 근처를 걷는데 심지어 토끼를 데리고 길에서 구걸을 하는 사람도 보았다.

그 이유는 겨울 같이 날씨가 추운 계절에 애완동물과 함께 있으면 서로 온도를 높여 동상에 걸리는 것을 방지할 수 있기 때문이라고 한다. 그들이 심지어 노숙자인데도 불구하고 멋지다고 생각한 이유는 파리라는 환경, 주변의 멋진 건축물 그리고 자연스러운 빛이 조화가 이뤄져 멋진 사진이 나오지 않았나 생각했다.

파리에 가면 꼭 들려야 하는 장소 중 하나가 바로 에펠탑이다. 파리를 여행하다 보면 에펠탑을 발견할 수 있는 장소는 너무나 많다. 심지어 메트로를 타고 지나가다가도 발견할 때가 있다. 수없이 봐온 에펠탑이지만 에펠탑을 발견하는 순간 나도 모르게 사진을 찍는 습관이 생겼다. 에펠탑 바로 그 앞에 가서 사진을 찍어도 멋진 사진을 찍을 수 있지만 개인적으로 좀 거리가 떨어져 센 강에서 사진을 찍을 때 참 멋지다고 생각한다. 파리의 중심을 지나가는 센 강의 다리 개수만 37개다. 그중 사람들에게 제일 인기가 좋은 다리는 알렉상드르 3세 다리이다.

이 다리는 에펠탑, 그랑팔레와 같은 시기에 지어진 건물 중 하나인데, 1900년 만국박람회 때 프랑스와 러시아 두 나라간의 친선을 기념하기 위해 건설되었다고 한다. 그래서 이 다리의 외관은 파리의 어느 다리와 비교했을 때, 큰 차이를 드러내며 화려함을 뽐내고 있다. 다리를 건너며 에펠탑이 보이는 곳이라면 사람들이 가던 길을 멈추고 꼭 사진을 찍는데 특히 이 다리에는 관광객들부터 현지인들까지 지나가며 사진 찍기에 바쁘다. 이번에 파리에 갔을 때 나는 에펠탑이 보이는 다리를 여러 차례 지나갔고, 노을이 지는 시간에 맞춰 다리를 지나갔다.

조용히 하늘에 떠 있던 해는 어느새 모습을 감추며 노랗고 빨간 빛을 낸다. 날씨가 좋다면 파란 하늘도 덤으로 볼 수 있다. 그때 에펠탑의 모습은 너무나 아름다운데 이때가 에펠탑이 가장 아름다운 순간이다. 마치 파리 시내에서 쇼를 하듯이 모든 사람들은 걸음을 멈추고 모두 같은 곳을 바라본다. 해가 노란 빛을 하늘에 뿌리기 시작하면서부터 실루엣을 감추기까지 그 순간, 하늘도 다양한 색을 보여주는데 그 모든 순간을 카메라에 담기 위해 쉴 새 없이 카메라 셔터를 눌렀다.

내가 찍은 최고의 사진은 해가 하늘에 알록달록한 색상을 하늘에 뿌릴 때다. 그 광경은 나에게 흰 도화지에 세상의 아름다운 색깔을 전부 뿌려 놓은 것 같았다. 계절, 시간 그리고 날씨에 따라 센 강에서 바라보는 에펠탑의 모습은 매일 다르다. 그리고 그때의 감동은 또 새롭게 우리 마음속에 다가온다.

이러한 순간을 매일 보는 파리 사람들은 축복받은 사람이라는 생각이 들었고, 이 환경에서 자라는 아이들은 자연스럽게 감성이 풍부한 사람으로 자랄 것이라는 생각이 들었다. 어떻게 보면 세계적으로 유명한 예술가들이 파리의 하루에서 영감을 받은 것이 아닐까.

헤밍웨이의 소설 《파리는 날마다 축제》에서는 '만약 당신에게 충분한 행운이 따라주어 젊은 시절 한때를 파리에서 보낼 수 있다면, 파리는 마치 움직이는 축제처럼 남은 일생에 당신이 어딜 가든 늘 당신 곁에 머무를 겁니다. 바로 내게 그랬던 것처럼'이라고 말한다.

파리에서 시간을 많이 보낸 나는 파리를 갈 때마다 마음이 들뜨고 축제 속에 있는 것을 느낀다. 그러나 다시 한국에 돌아와서는 내 평상시의 일상에 파리의 추억이 항상 함께 따라다니는데 그 추억 때문에 다시 파리를 찾게 된다.

모든 사진에는 스토리가 있다. 특히 파리에서 찍은 사진은 감성이 배가되어 더 풍부한 스토리를 만들어 준다. 이러한 이유로 나는 파리에 머무는 동안 나만의 스토리를 만들어가며 내 눈 앞에 보이는 풍경과 지나가는 사람들을 사진으로 남기기 위해 노력한다. 그래야 며칠

이 지나고, 몇 년이 지나 다시 사진을 봤을 때 그때의 느낌과 분위기를 느낄 수 있기 때문이다.

사진을 찍고 한국에 귀국한 후, 다시 사진을 보며 마음에 드는 사진을 보정하는 동안 '이때 이 사람들은 무슨 생각을 하고 있었을까?'라는 생각이 들었다. 그들도 나와 같은 일상이 있을 것이고 삶이 있을 것이다. 그렇게 같은 공간에서 그 순간을 남겼지만 우리는 또 각자의 인생을 살아가고 있지 않은가. 그들의 인생도 나와 같이 기쁨, 슬픔을 느끼며 살아가는 결국 같은 인간이란 존재라는 것을 느낀다.

그들의 세세한 삶을 내가 알 수는 없지만 내가 느낄 수 있는 것은 내가 나를 소중히 여기고, 존중받길 원하듯 그들도 또한 소중하고 존중받을만한 존재이고, 즉 나와 다르지 않은 한 사람이라는 것이다. 그렇게 각자 위치에서 최선을 다해 인생을 살아간다. 또한 나는 여행에서 만난 비록 한순간 지나가는 사람들이지만 내겐 동기부여가 되고 살아갈 힘을 얻게 하는 원친이다. 다음 여행에서는 어떠한 모습을 하고 살아가는 사람들을 만나게 될까.

파리를 여행을 하며 시간이 여유롭다면 파리 시내에 있는 묘지에 가볼 것을 추천한다. 파리 시내에 몇 개의 묘지가 있는데 그중 '페르라 쉐즈'라는 곳을 가게 되면 한 시대를 살았던 쇼팽, 들라크루아, 보들레르, 오스카 와일드, 발자크, 에디트 피아프, 이브 몽탕, 짐 모리슨과 같은 수많은 예술가, 작가, 정치가들이 잠들어 있다. 그들도 한 시대를 살며 인생을 보낸 나와 같은 사람이었다는 것을 생각하게 되고 인생, 그리고 죽음에 대해 생각하게 해준다.

파리는 이와 같이 삶과 죽음이 공존하는 도시이다. 그리고 내가 사진으로 담은 누군가의 삶도 모두가 그렇듯 같은 곳을 향할 것이다. 사진을 통해 그렇게 나는 삶을 배우고 있다.

공대생 1년 만에 프랑스어 DELF B2 합격하다

F O U R

알파벳만 알던 내가 프랑스어로 대화를 나누다

프랑스는 외국인을 많이 받아들인 국가 중 하나다. 현재 프랑스에 거주하는 외국인의 비율은 10% 가까이 된다. 반면에 우리나라는 2015년 기준으로 4%가 채 되지 않는 통계를 볼 때, 프랑스에 외국인이 많이 거주하는 것을 알 수 있다. 한마디로 프랑스는 다인종 국가다.

프랑스라는 국가에 대해 궁금증을 가지고 있는 사람들 중에 제일 많이 물어보는 질문은 "프랑스 사람들은 영어를 못해요?, 프랑스 사람들은 영어로 물어봐도 프랑스어로 대답한다는데 사실인가요?"이다. 결론부터 말하자면 그렇다.

보통의 일반 프랑스 사람들은 영어를 잘 못하는 사람이 많아서 질문에 대한 대답을 주로 프랑스어로 대답한다. 그러나 시대가 바뀌면서 청년층도 우리와 동일하게 학교 과정 중에 영어를 배우고, 외국어를 사용한다는 것은 한 가지 언어만 하는 것보다 매력적이라고 생각한다. 외국어 실력은 곧 우리나라의 상황과 동일하게 취업의 이점도 있고 외국인 친구를 사귈 수 있는 가능성도 있기 때문에 그들도 영어를 잘하는 프랑스인을 부러워하기도 한다. 그 이유 때문에 그들 중에는 외국인을 보면 영어를 사용하고 싶어 하는 사람도 있다. 물론 나이가 많은 어른들은 대부분 영어를 하지 못하고 프랑스어로만 해외여행을 하는 경우도 있다.

프랑스 생활을 마무리하고 한국으로 귀국하기 전, 나는 유럽여행을 계획하고 떠났다. 헝가리의 수도 부다페스트를 여행할 때의 일이다. 여행을 하는 중 하루는 점심을 먹기 위해 현지 식당의 테라스에 앉아 주문을 하고 음식이 나오기만을 기다리고 있었다. 그때 어떤 부부가 옆 테이블에 앉더니 메뉴판을 보며 프랑스어를 하는 것이었다. 바로 이때다 싶었다. 프랑스어를 한다는 기쁨, 짜릿함을 느낄 수 있는 순간이었다. 여행 중 프랑스어를 사용하지 않고, 영어로 의사소통을 하다가 갑자기 내가 아는 언어가 귀에 들리는 기분은 참 말로 표현하지 못할 기쁨이다. 그 식당의 메뉴는 영어 메뉴판이었고, 보기에 메뉴 선택에 어려움을 겪는 것 같아서 프랑스어로 말을 걸어 도와주려고 했다. 그러자 프랑스어를 하는 나를 놀라하며 말을 걸었다.

내가 프랑스인이 아니고 한국인이라고 말하자 더 반가워하며 이야기를 계속 이어나갔다. 그리고 그들이 원하는 메뉴를 선택할 수 있도록 도움을 주었다. 그런데 그들은 식당 종업원에게 주문을 할 때는 프랑스어로 주문을 하는 것이었다. 영어를 하려고 노력은 하는 것 같은

데 대화를 할 수 없는 정도였다. 근데 신기하게도 종업원은 프랑스어를 이해하는 눈치였다. 사실 이런 일은 처음 겪는 것은 아니고, 이태리를 여행할 때도 만난 프랑스인들은 현지인들에게 말을 걸 때 프랑스어를 사용했다. 근데 나중에 프랑스 친구에게 물어보니 유럽 사람들은 프랑스어를 구사하지는 못해도 듣는 것은 대충 무슨 뜻인지 이해한다는 것이었다. 프랑스어, 이태리어, 스페인어 전부 라틴어에서 파생된 언어다보니, 비슷한 단어, 발음 등 유사한 점이 많았다. 그러나 서로 다른 언어를 사용하는 사람들끼리 간단한 의사소통이 가능하다는 것을 직접 내 눈으로 보니 신기하기만 했다.

그들은 외국에서 프랑스어를 하는 한국인을 봐서 신기한지 식사시간 동안 나에게 많은 이야기를 건냈다. 내가 프랑스를 다시 왔다가 한국으로 귀국한다고 말하자 떠나기 전 자신의 집에 방문하라는 말과 함께 연락처를 건냈다. 알고 보니 그들은 파리에서 좀 떨어진 베르사유 궁전이 위치한 곳에 살고 있었다. 가까운 거리도 아니고 귀국 스케줄이 좀 빠듯한 상황이라 상황을 보고 연락하겠다고 말하고 헤어졌다. 결국 귀국 준비로 바빠서 그냥 떠나게 되었다. 그래도 그들이 베푼 친절은 아직도 내 마음속에 간직하고 있다. 외국에서 만난 잘 알지 못하는 외국인을 집으로 초대한다는 것은 쉬운 일이 아닌데도 연락처까지 준 것을 생각하면 아직도 감사하다. 프랑스는 한국보다 남을 초대하는 문화가 더 자연스럽기 때문에 그들은 나에게 호의를 베풀려고 하지 않았나 생각이 든다.

이런 경험은 아직까지 세상은 따뜻하다는 느낌을 받게 한다. 내가 지금까지 프랑스로 떠나려는 사람들에게 제일 많이 듣는 질문 중 하나는 "프랑스 사람들은 불친절하지 않아요?"라는 말이었다. 어느 나라든 사람 사는 나라고, 친절한 사람이 있다면 불친절한 사람도 있기 마련이다. 프랑스 지방에 사는 사람은 파리 사람들은 개인주의적이며 도시 생활을 하기 때문에 성격이 거칠고, 바쁘게 살기 때문에 정이 없다고 말하는 사람들이 많다. 그래서 이러한 이유 때문에 파리를 싫어하는 사람도 꽤 많이 있다. 그러므로 어떻게 느끼는지는 어디까지나 개인 차이인 것 같다.

또 일례로 사람이 많이 붐비는 메트로에서도 한국 사람들은 부딪히거나 실수로 발을 밟아도 대부분 그냥 아무 말 없이 지나친다. 그리고 서로 얼굴을 보고 미소를 짓는 경우도 본적이 없다. 한국에서 모르는 사람에게 미소를 짓다가는 신고를 당할 수도 있지 않나 생각한다. 그러나 프랑스는 실수로 몸이 닿기만 하면 "죄송합니다. 실례합니다."라는 말이 자동으로 나오고 가끔은 서로를 쳐다보며 미소를 짓기도 한다. 프랑스 사람들이 불친절할 것이라는 것은 어디까지나 선입견인 셈이다.

영어 이외에 프랑스어를 한다는 장점은 유럽여행을 하며 더 온몸으로 체감할 수 있었다. 유럽에서는 프랑스어를 사용하는 국가가 많아서 그런지 프랑스어가 모국어가 아닌 나라에 가서 박물관이나 전시회를 가더라도 프랑스어로 된 설명을 발견하는 경우가 종종 있다. 그리고 입장 시에 팜플렛을 받을 때 두 개를 다 받아서 번갈아가며 전시를 보기도 한다. 속으로 '나는 두 가지 언어로 이해할 수 있는 사람이야!'라고 생각하며 괜히 혼자 뿌듯해 하기도 했다. 이때 나는 혼자 자존감이 높아지며 내가 살고 있는 세상과는 또 다른 나만의 세상에 빠져들어 색다른 기쁨을 느끼기도 했다.

한번은 네덜란드 암스테르담을 여행을 할 때였다. 여행 도중 네덜란드 안네 프랑크의 집에 들렀을 때, 관람을 마치고 나오면서 한국어로 번역이 된 책보다는 원서인 독일어와 비슷한 라틴어에서 파생된 프랑스어로 책을 선택했다. 그 당시 안나가 쓴 일기를 보며 그 감정을 최대한 느끼고 싶어 프랑스어 번역본을 구매하려던 것이었는데 계산대에 가자 점원은 나를 프랑스인으로 생각했는지, 종업원은 나에게 프랑스어로 말을 거는 것이었다. 나도 프랑스어를 하고 싶었던지라 프랑스어로 대답하였고, 최대한 프랑스인인 것처럼 말을 하며 외국인 티를 내지 않으려 노력했다. 상대방도 프랑스어로 최대한 예의 바르게 이야기했고, 그때 나는 존중받는 느낌을 받기도 하였다. 짧은 대화였지만 그 당시에도 프랑스어를 사용하지 않는 나라에서 프랑스어를 듣고 대화를 하는 것은 나의 기분을 좋게 만들었다.

내가 처음 파리에 도착해서 쇼핑을 하고, 음식을 주문할 때 프랑스어를 잘하지 못해도 내가 배운 것을 써먹고 싶어 프랑스어를 열심히 사용했다. 그들이 내가 말한 질문에 프랑스어로 대답해주며 서로 대화가 되면 기분이 정말 좋았다. 어려워서 알아듣지 못할 때에도 내가 말할 수 있는 그 한 문장으로 인해 기뻤으니 말이다. 물론 그 이후의 말들은 알아듣지 못해서 계속 이어나가기는 어려운 상황도 있었다. 그 이후로도 나는 계속해서 프랑스어를 사용했고, 그들도 프랑스어로 대답했다. 가끔 내가 프랑스어로 물어봐도 억양이나 발음 때문인지 영어로 대답을 하는 경우도 있었지만 내 프랑스어 실력이 형편없었던 시절이었기 때문에 이해할 수 있었다.

내가 그 당시 제일 이루고 싶었던 것은 프랑스어 실력을 향상시켜서 프랑스어를 사용하며 일을 하고 싶었다. 그래야 파리에서 살 수 있었기 때문이었다. 프랑스어가 어렵고 불편해도 계속해서 머릿속에서 프랑스어로 생각하는 습관을 기르려고 노력했고, 그들이 영어로 말할 때도 굴하지 않고 프랑스어로 말하는 습관을 길렀다.

지금 내 프랑스어 실력은 프랑스인들과 막힘없이 자연스럽게 대화할 수 있는 정도다. 그래서 프랑스 여행을 갈 때면 어디를 가나 프랑스어가 들리고 사람들과 프랑스어를 사용하는 것을 참 좋아한다. 하지만 내가 관광객인 것이 티가 나는지 기분 나쁜 상황도 발생하기도 한다. 특히 혼자 있을 때 음식을 주문하거나, 공공장소에서는 프랑스어로 물어보면 프랑스어로 대답을 해주지만, 한국인과 같이 있을 때 내가 프랑스어로 물어봐도 영어로 대답하기도 한다. 그러면 나는 괜히 기분이 상한다. 아무래도 내가 친구와 한국어로 대화하는 것을 보고 외국인인 것이 티가 나서 그런 것은 아닌가 생각한다. 만약 이런 경우 상대방이 영어로 대답을 해도 나는 오기가 생겨 프랑스어로 대답을 한다. 이런 경우에는 사람마다 다르게 행동을 하는데, 프랑스어로 대답하는 사람도 있는 반면 끝까지 영어로 이야기하는 사람도 있다. 그럼 한 사람은 프랑스어로, 다른 한 사람은 영어로 대화를 주고받는 재미있는 상황이 연출되기도 한다.

공공장소를 제외하고 프랑스인과의 보통 사적인 만남에서는 또 이야기가 달라진다. 그들은 프랑스어를 잘하는 외국인을 호의적으로 바라보고 신기해한다. 그리고는 칭찬을 아끼지 않는다. 프랑스에 살 때는 내 프랑스어를 듣고 발음이 좋다며 프랑스인이냐는 이야기를 듣기도 하였다. 그때는 정말 세상을 다가진 것 같은 행복감을 느끼기도 했다. 지금 생각해보면 외국어 하나를 더 함으로써 하지 못할 때 경험하지 못했던 것을 경험하고 느낀 것 같다. 외국어를 하나 더 한다는 것은 살면서 새로운 경험을 할 수 있는 기회를 준다. 그리고 그 언어가 모국어인 사람들과 대화를 하며 그들의 생각을 직접 엿볼 수 있게 도와준다.

프랑스어 공부의 기본 법칙을 깨우치다

만약 당신이 외국어에 관심이 있거나 글로벌 문화에 관심이 있고, 낭만에 대한 로망 또는 예술을 사랑하는 사람이라면 한 번쯤 프랑스어를 배우고 싶다는 생각을 했을 것이다. 그만큼 매력적인 언어이고 많은 사람들이 듣기에 좋은 언어이다. 외국어도 귀로 듣기에 좋은 언어가 있는 것은 맞는 것 같다. 그런데 중국어, 베트남어같이 보통 성조가 있는 언어들은 듣기 좀 거북한 언어로 생각하는 경향이 있기도 하다. 그러나 프랑스어는 비음이 섞여 있고 부드러운 소리가 많이 난다고 해서 듣기 좋아하는 사람들이 많다. 혹자는 여성스러운 언어라고 하기도 한다.

프랑스어를 접하며 프랑스어에 대해 알아보니 프랑스어는 영어, 중국어, 아랍어, 러시아어, 스페인어를 포함하여 국제기구 UN에서 사용되는 공식어 중에 하나다. 프랑스어는 현재 사용하는 국가가 많지 않지만 아직까지도 프랑스어는 세계에서 영향력이 있는 언어 중에 하나다. 이러한 이유로 나도 모르게 영향력 있는 외국어를 공부한다는 생각에 자부심이 생겼던 것 같고, 공부를 하면서 동기부여가 되었다. 나에게 프랑스어는 알면 알수록 매력 있는 언어였던 것이다.

나는 처음 프랑스어를 접하고 프랑스어로 꼭 원어민과 대화해야 한다는 생각은 없었다. 물론 처음 프랑스어를 전혀 알아듣지 못하는 상태에서 프랑스인들과 같이 일하며 업무를 봐야 했기 때문에 공부를 해야만 하는 상황이었다. 지금 생각해보면 그 시간들 덕분에 본격적으로 공부를 하며 프랑스 억양이나 말투 등에 적응을 비교적 빨리 했던 것 같다. 그러나 그 당시 나에게는 외국어 중에 하나일 뿐이었고, 영어 이외에 제2외국어로써 내게 좀 친숙한 언어는 일본어였다. 대학교 교양수업으로도 수강했었고, 실제로 공부해보니 발음도 쉬웠다. 그리고 내 첫 해외여행으로 일본 도쿄를 여행하며 일본어를 실제로 접했을 때는 더 배우고 싶은 욕구도 생겼었다. 관광으로 일본에 갔을 때는 일본어 공부를 하고 갔었기 때문에 현지인들과 간단한 대화를 주고받을 때는 그렇게 기쁠 수가 없었다. 외국어를 공부하며 실제로 내 입으로 말할 줄 알고, 원어민이 알아들었을 때 너무 재미있고 기뻤다. 지금 생각해 보면 또 내가 느꼈던 기분을 느끼고 싶어 외국어를 공부하는 건 아닌가 생각이 든다. 그러나 나는 쉬운 언어보다는 좀 더 어려워 보이는 언어를 한 살이라도 더 어릴 때 배우는 게 낫다고 생각해서 프랑스어를 선택했다.

우선 프랑스어는 영어를 잘 모른다면 더 어렵게 느껴질 수도 있다. 물론 모두가 그런 것은 아니지만 프랑스어를 잘하는 사람들 중에는 영어는 잘 못하는 사람도 많다. 두 가지 언어가 비슷한 부분도 많이 있지만 다른 부분도 많기 때문이다. 내 경우에는 영어로 의사소통은 할 수 있는 상태였고, 호주에 다녀온 것이 많이 도움이 되어 영어 시험을 보면 점수가 높게 나왔다. 그래서 프랑스어를 공부하는 데 기본적으로 도움이 많이 되었다.

프랑스어를 처음 접하면 제일 먼저 배워야 하는 것이 프랑스어 알파벳이다. 프랑스어도 영어와 동일하게 A부터 Z까지 총 26개의 알파벳으로 구성되어 있다. 우선 지금까지 눈에 익숙한 알파벳이 프랑스어에도 동일하게 사용된다고 하니, 처음에는 한숨을 놓을 수 있다. 물론 é, ê, è, à, ù 와 같이 악성이 있는 경우는 발음이 좀 바뀌기는 하지만 다행히도 발음이 어렵지는 않다. 일본어는 히라가나, 가타카나, 그리고 한문까지 외워야 하고, 중국어는 성조에 한문을 따로 외우면서 공부해야 하지 않나. 그런데 문제는 프랑스어 알파벳 발음을 배우면서부터다. 나는 그중에 제일 어려운 발음은 e, u, r 이렇게 3가지라고 생각한다. f, v 도 한국어에 없는 발음이라서 쉽지는 않지만 영어를 오랫동안 공부한 사람이라면 조금만 노력하면 할 수 있다고 생각한다. 그러나 e, u 발음은 나도 처음 공부하면서 너무 비슷하게 들리고, 듣는 것 자체가 어려웠다. 생전 처음 들어보는 발음이었기 때문에 이걸 어떻게 발음해야 하는지 어렵다는 느낌을 받았다.

'e' 발음은 한국어 '으'라고 말한다고 생각하고 입술을 자연스럽게 모아주면서 입술에 조금 힘을 준다. 그럼 프랑스어 'e' 발음이 완성된다. 그리고 'u'는 한국어 '유'와 '우'의 중간 발음이다. 그리고 입술을 동일하게 모아주고 앞으로 살짝 내밀어 준다. 그리고 어려운 발음은 'r'인데 일단 이 발음은 목구멍에서 나는 소리로 목젖을 건드린다는 느낌으로 발음한다. 단독으로 발음하게 되면 목구멍에서 나는 소리가 크게 들리지만 실제로 대화할 때 'r'이 들어 있는 문장을 말하면 'r' 발음은 잘 들리지 않는다. 그런데 이 발음이 어렵다고 해서 너무 이 발음에만 매달릴 필요는 없다. 오히려 너무 신경 쓰다 보면 더 부자연스럽게 소리를 낼 수도 있기 때문이다.

알파벳을 다 외우고 나면 이제 그 다음 공부해야 할 단계는 각 인칭에 따른 동사 변형이다. 프랑스어 인칭대명사 je[나] tu[너] il/elle[그, 그녀] nous[우리] vous[당신, 너희들] ils/elles[그들, 그녀들]에 따라 모든 동사들이 변화를 하는데 따로 외워야 한다. 모든 공부가 그렇듯이 암기가 어느 정도 필요하다. 먼저 '~이다, 입니다.'를 뜻하는 être 동사를 시작으로 기본적인 동사들을 외우고 나면 두 번째로 각각의 명사들이 남성, 여성으로 나뉘어져 있다는 것에 놀랄 수도 있다. 그리고 이러한 성을 나누는 데 있어서 어떠한 규칙이 있거나 사물의 특징에 맞춰서 나누어지는 것이 아니고, 그냥 그 자체를 외워야 한다는 것에 또 놀랄 수도 있다.

나도 처음 이러한 규칙을 알았을 때는 내가 할 수 있을지 의문이 들 정도로 복잡하다는 생각이 들었다. 그러나 나도 보통 사람들처럼 처음 프랑스어를 접할 때 어렵다고 느꼈지만 단기간에 프랑스어로 스타벅스 면접까지 보며 현지인과 2시간 가까이 대화를 했으니 열심히만 하면 가능한 일이라고 생각한다.

외국어를 공부하며 필수로 거쳐야 하는 부분이 있는데 바로 암기다. 암기는 귀찮더라도 확실히 짚고 넘어가야 하는 부분이다. 현재 프랑스어를 가르치며 학생들에게 가끔 듣는 소리가 있다.

"선생님! 선생님은 이거 다 어떻게 외우셨어요? 외우는 데 얼마나 걸렸어요?"

"네. 처음에는 저도 어려웠지만 최대한 많이 보고 접하며 자주 머릿속으로 생각하려고 하다 보니 기본적인 동사 변형은 3달 정도 걸렸던 것 같아요."

동사 변형 같은 경우는 한번에 보고 외우기가 되지 않아 몇 번에 걸쳐서 보며 실제로 자가 테스트를 해가며 외웠다.

신영준, 고영성 작가의 《완벽한 공부법》이라는 책에는 효율적으로 공부하는 방법이 나오는데 수동적으로 공부하는 것이 아니라, 능동적으로 출력을 하며 공부해야 한다는 것이다. 예를 들어 좋은 방법 중에 하나는 퀴즈이다. 수동적으로 누가 말해주는 것만 공부하면 우리의 기억 속에는 짧게 인지되지만 소리 내어서 읽거나 퀴즈를 보며 머리로 생각하며 공부하면 그 기억은 오래 지속된다는 것이다.

그 당시에 나는 퀴즈를 통해 암기를 했는데, 효과적인지 몰랐지만 지금 생각해보면 그 이유 때문에 머리를 많이 쓰게 되고 기억력도 오래가지 않았나 생각한다. 그리고 몇 년이 흐른 지금은 실제로 학생들에게 동사변형을 써가며 가르쳐야 하기 때문에 확실히 내 것이 되어 있다.

나는 동사변형을 공부할 때는 한 동사에 대한 동사변형을 각 인칭 대명사에 따라서 쭉 써보았다. 셀프 테스트를 하는 것으로 확실히 기억에 오래 남았다. 공부를 하는 순간은 답답하고 귀찮더라도 결국 공부하면 기억에도 오래 남아 더 좋은 결과로 이어진다. 그리고 각 명사에 대한 남녀 성 구별은 처음에는 그냥 이해가 되지 않더라도 프랑스어는 그렇구나 하고 인정하는 것이 중요하다. 그 다음은 하나씩 차근차근 개인 단어장에 정리를 해나가야 한다. 단어를 처음 접하더라도 이것이 남성인지 여성인지를 꼭 같이 적어야 한다.

예를 들어 쉬운 단어 중에 펜과 테이블을 배웠다면 꼭 남성인지 여성인지 같이 적어주는 습관을 들여야 한다. 그리고 시간이 날 때마다 보면 좋을 것이다. 귀찮더라도 이러한 습관이 매일 쌓이다 보면 짧게는 몇 개월 후에는 구분할 수 있는 날이 올 것이다. 중요한 것은 설마라고 생각하며 안 될 것이라고 생각하는 것이 아니라 그렇게 한 사람도 있으니 나도 할 수 있다는 생각을 갖는 것이다. 누구나 배우고자 하는 의지만 있다면 할 수 있다.

무엇인가를 이루려고 할 때 그저 쉽게 이루려고만 한다면 금세 사라질 것이다. 그러므로 지금 당장 프랑스어 공부뿐만 아니라 무언가 이루고자 하는 것에 시간을 보내고 있다면 지금 이 순간이 어렵다고 생각하더라도 절대 포기하지 말고 앞으로 나가라고 말하고 싶다. 그렇게 일정한 시간을 다 채워야 비로소 열매가 익어 겉만 반짝이는 것이 아니라 맛도 좋은 나무가 될 것이다.

영어보다 더 쉬운 프랑스어 공부 비법

프랑스어는 명사에 남녀 성이 있다

우리나라의 제1외국어는 영어다. 지금은 초등학교 때부터 영어를 배우기 시작하고 영어 교육 산업이 점점 치열해질 만큼 시장이 성장했다. 그만큼 지금도 영어를 잘하는 사람들이 있지만 지금 아이들 세대의 영어는 대부분 기본적으로 할 줄 아는 외국어가 되어 있을 것이다.

한국어 이외에 영어만 공부했던 사람이 새로운 언어에 접근한다고 생각해 보자. 요즘에는 일본어, 중국어를 잘하는 사람을 주위에서 쉽게 찾아볼 수 있다. 또 베트남 붐이 일어 학원가에서는 베트남어를 배우려는 학생들로 붐비었다. 유럽 계통의 언어로는 스페인어, 독일어, 이태리어, 그리고 프랑스어가 있다. 그중 프랑스어를 접하지 않다가 처음 배우게 된다면 가장 놀랄만한 특징은 우리와 친숙한 영어와는 달리 모든 사물에 남자와 여자 성이 나뉜다는 것이다.

처음에는 무슨 말인지 이해가 되지 않을 수 있다. 나 또한 처음 이러한 사실을 알게 되었을 때 혼란스러웠다. 그래도 독일어, 러시아어와 같은 언어에는 남성, 여성, 중성 이렇게 3개나 있기 때문에 프랑스어는 양호한 편이다. 근데 여기서 사람들이 헷갈려 하는 부분이 크게 두 부분으로 나뉜다.

프랑스어를 가르치며 학생들에게 받았던 질문을 정리해 보면, 사물의 특징에 따라 남성, 여성으로 나뉘거나 사물을 남자가 말할 때는 남성으로 여자가 말할 때는 여성으로 말해야 하는지 이렇게 두 부분으로 생각하는 경우가 있다. 그런데 이 두 가지 다 아니다. 프랑스어는 모든 사물에 특정 이유 없이 남성, 여성으로 정해져 있다. 예를 들어 가방은 남성 명사이고 의자는 여성 명사이다. 그렇기 때문에 우리는 사물의 특징을 따져서 남자 혹은 여자 같은 느낌을 생각하는 것이 아니라 그냥 암기를 해야 한다.

영어에서 사물 앞에 위치하는 a, an에 대해서 알 것이다. 바로 부정관사이다. 셀 수 있는 명사 앞에 위치하는데 프랑스어에서는 남성 un, 여성 une, 복수 des로 나누어진다. 즉 사물 앞에는 이 세 가지 중에 한 가지는 꼭 붙여야 하기 때문에 단어를 암기할 때 남성인지, 여성인지 구분해서 외워야 한다. 그러나 프랑스어를 많이 접하다 보면 어떤 단어는 여성인지, 남성인지 추측할 수 있다. 두 가지 팁이 있는데, 단어 끝에 ment이 붙으면 보통 남성 명사이고, 예외가 있긴 하지만 주로 e나 tion으로 끝나면 대부분의 명사는 여성이라고 볼 수 있다.

부정관사라는 문법적인 용어가 나왔는데 이런 용어로 인해 어렵게 느끼지 않았으면 한다. 나도 프랑스어를 처음 접할 때, 학원을 다니거나 한국인에게 배우지 않았기 때문에 문법적인 용어를 잘 알지 못했다. 그래서 사실 한국인에게 프랑스어를 가르치기 시작하면서 문법적인 용어들을 공부해야 했다. 프랑스어 전공자가 아니고 프랑스어를 취미로 배울 생각이라면 굳이 어려운 문법 용어들을 외울 필요는 없다. 오히려 어려운 용어들 때문에 외국어의 접근이 어렵고 멀게 느껴질 수 있기 때문에, 다가가는 마음이 더 중요하다고 생각한다.

프랑스어는 형용사가 주로 명사 뒤에 있다

영어를 공부하면서 크게 이상한 점 없이 배우는 것 중에 하나가 바로 형용사의 위치일 것이다. 예를 들어 '따뜻한 커피'를 영어로는 'hot coffee'라고 한다. 여기에서 '따뜻한'이라는 뜻의 hot은 형용사이다. 즉, 형용사가 명사 앞에 위치한다. 우리가 생각하기엔 정말 자연스러운 문법이다. 왜냐하면 한국어도 영어와 마찬가지로 '따뜻한 커피'처럼 명사 앞에 형용사가 위치한다. 그래서 영어를 배울 때 자연스럽게 받아들여진다.

프랑스어에서는 반대로 명사 + 형용사순으로 순서가 뒤바뀌게 된다. 그래서 영어나 우리말에서의 따뜻한 커피는 'café chaud'로 바뀌게 되는데 여기에서 바로 'chaud'는 형용사이다. 그러나 어느 언어에나 예외는 있는 법이다. 프랑스어도 역시 예외가 존재한다. 90% 이상에 해당하는 일반적인 형용사는 위치가 뒤에 오게 되지만 형용사가 앞에 위치하는 경우도 있다. 주로 우리가 자주 사용하면서 짧은 형용사 (작은 petit, 큰 grand, 좋은 bon, 더 작은 moindre), 숫자 서수(첫 번째 premier, 두 번째 deuxiéme), 감정과 평가의 의미(친절한 gentil, 멋진 beau), 그리고 집합명사를 꾸며주는 형용사(젊은 jeune)와 같은 경우는 앞에 위치한다. 그 외에도 몇 개의 형용사들은 앞에 위치할 수도 있지만 뒤에 오는 것도 가능한 형용사(오래된 ancien, 큰 grand)도 존재한다. 단, 위치에 따라 의미가 조금씩 변한다. 어떻게 보면 처음 프랑스어를 접할 때는 복잡하다고 느낄 수 있지만 언어도 익숙해지는 시간이 필요한 법이니 자주 접하고 쓰다보면 적응이 될 것이라고 생각한다.

나도 영어를 공부하며 형용사 + 명사 어순에 어려움 없이 받아들였었다. 그런데 프랑스어를 공부하며 '형용사가 뒤에 올 수도 있구나' 라는 생각을 했다. 일단 프랑스어를 처음 접하며 이러한 사실을 알았을 때, 내 머릿속에서는 새롭게 세팅하는 시간이 필요했다. 프랑스어 문장을 해석할 때도 명사를 보고 뒤에 형용사가 따라오는지 확인 후에 해석을 해야 했다. 기본적인 문장의 어순은 영어와 동일하게 주어 + 동사 로 이뤄지기 때문에 영어를 미리 공부해 놓은 것도 큰 도움이 된다.

프랑스어는 영어와는 다르게 존댓말이 존재한다 (주어 인칭 대명사가 따로 존재한다.)

우리나라는 예로부터 효를 중요시하는 나라다. 유교사상 때문인데 그로 인해 우리말에는 반말과 존댓말이 나뉘어져 있다. 우리가 처음 보는 사람이나 나이가 많은 어른에게 존댓말을 하는 것은 상식으로 통한다. 만약 그렇게 행동하지 않고, 반말을 하게 되면 싸움으로 이어질 수 도 있을 만큼 반말과 존댓말을 가려서 해야 하는 사회이다.

반말과 존댓말이 존재하는 우리나라 말과 비교하여 영어를 들으면 깜짝 놀랄 것이다. 영어를 공부하고, 실제로 외국인과 영어를 사용해 본 사람은 알듯이, 처음 보는 사람에게 부르는 호칭이나 가까운 친구를 부르는 호칭이 같다. 영어에서는 모든 사람에게 2인칭 주어 You를 사용한다. 물론 영어권 국가에서도 기본예절이 있어 나이가 많거나 처음 보는 사람의 이름을 부르지는 않는다. 중요한 것은 주어 인칭 대명사를 살펴보면 상대방을 부를 때, You라고 한다. 우리나라 말로 해석하면 모두가 그냥 '너'인 것이다. 이러한 이유로 나이가 많든 적든 상관없이 모두가 쉽게 친구가 되기도 한다. 우리나라에서는 나이가 많은 어른과 친구라고 말하는 경우는 없는 게 이러한 이유 때문이다.

프랑스어는 영어와는 달리 주어 인칭대명사에서 너를 뜻하는 2인칭 단수 Tu 외에 당신이라는 높임을 의미하는 2인칭 단수 Vous가 존재한다. 그리고 이와 관련된 동사인 tutoyer 말을 놓다, vouvoyer 말을 높이다 와 같은 동사가 존재한다. 그러므로 한국처럼 가까운 사이인 친구와 같은 경우에는 반말을 할 수 있으므로 Tu를 사용하고, 처음 보는 사람이나 어른들에게는 Vous라고 한다. 그러나 프랑스에서는 처음 보더라도 친구의 초대를 받아서 만나는 자리에서 나이대가 비슷해 보인다면 Tu를 사용하여 반말을 할 수 있다. 이 점은 한국에서의 상황과 다르니 참고해서 나중에 프랑스에서 프랑스인의 집에 초대를 받을 때 누군가가 Tu라고 하더라도 당황하지 않기를 바란다. 이와 같이 프랑스어도 존댓말이 존재하긴 하지만 상황에 따라 말을 놓고 얘기할 수 있는 순간들도 있다.

프랑스어 의문문이 영어보다 쉽다

영어를 처음 공부할 때를 다들 기억할 것이다. '그는 학생입니다.'를 영어로 하면 'He is a student.'라고 한다. 어순을 살펴보면 주어, 동사, 목적어 순이다. 그런데 이제 의문문을 만들 때, 조금의 수고가 필요하다. 문장에서의 어순이 바뀐다. 동사와 주어의 위치가 도치되면서 'Is he a student?'라고 해야 의문문이 되어 '그는 학생입니까?'라는 의미가 된다. 또는 동사가 Be 동사가 아닌 일반 동사인 경우에 의문문을 만드는 경우에는 Do 또는 Does를 넣어 만들어야 한다. 예를 들어 '당신은 일을 하나요?'라는 문장은 영어로는 'Do you work?'가 될 것이다.

이와 반대로 프랑스어는 크게 의문문을 만드는 방법이 3가지가 있다. 그중 가장 간단하고 구어체에서 주로 사용되는 방법을 예로 들면 만약 '그는 학생입니다.'라는 문장은 프랑스어로 'Il est étudiant.'라고 한다. 영어와 동일하게 어순은 주어, 동사, 목적어다. 이제 이 문장에서 의문문으로 변경을 하면 그대로 주어 동사의 도치 없이 물음표를 넣어서 'Il est étudiant?'이라고 하면 된다. 물론 프랑스어도 주어 동사의 위치를 도치시키면 의문문의 되지만 이때는 구어체에서 사용하는 의문문이 아닌 좀 격식 있는 상황이나, 문어체에서 주로 사용된다. 즉, 프랑스어로 기본적인 대화를 하기 위해서는 주어, 동사 어순의 도치 없이 그냥 끝의 소리를 높여주면 되는 것이다.

일반 동사인 경우도 마찬가지로 'Tu travailles.'라고 한다면 '너는 일을 한다'라는 뜻인데, 같은 문장에서 물음표를 넣어주면 'Tu travailles?'가 되면서 '너 일해?'라는 의문사가 되는 것이다. 주로 일상생활에서는 이 방법만 알아도 대화를 할 수 있기 때문에 프랑스어가 어려운 언어지만 의문문만큼은 쉽다고 얘기할 수 있다.

나는 프랑스어를 접하며 의문문에 대해 공부를 할 때 이 간단한 방법을 보고 쉽네!라는 말이 절로 나왔다. 의문문을 만들 때 따로 머리를 쓰면서 만들지 않아도 되기 때문에 프랑스어를 처음 공부하는 사람들도 쉽게 이해할 수 있을 것이다.

프랑스어는 연음과 비음이 존재한다

프랑스어를 접하기 전에 프랑스 회사에서 인턴을 하며 프랑스인들이 하는 대화를 옆에서 들을 수 있던 때가 있었다. 그때는 정말 지겹도록 많이 들었지만 전혀 알아들을 수 없었다. 그 당시, 프랑스어 공부를 조금 시작했던 때이다. 처음에는 기본적인 문장구조를 공부하고, 간단한 기초를 공부하고 있었다. 프랑스어를 꽤 어느 정도 학습을 했다고 생각했을 때쯤, 나는 새로운 프랑스어 책을 구매하여 듣기 파일을 들었다. 아주 기초 문장들이었다. 듣는 순간 나는 머릿속이 하얘졌던 경험이 있다. 내가 공부했던 프랑스어 문장의 발음이 전혀 다르게 들리면서 하나도 이해할 수 없었던 것이다. 그 이유는 바로 프랑스어로는 'La liaison'이라고 하는 연음 때문이었다. 나중에 알게 되었지만 한국어에도 존재한다. 연음은 모음과 자음이 만나면서 소리가 난다. 한글에도 소리 나는 대로 적으면 원래의 맞춤법과는 다른 경우를 볼 수 있다. 예를 들어, '나는 학원을 다닙니다'를 소리 나는 대로 적으면 [나는 하권을 다닙니다]와 같이 학원이 하권으로 소리 나는 것을 발견할 수 있다. 그러나 프랑스어는 이 연음이 더 많이 존재를 하고, 실제 구어체에서는 같은 단어라 하더라도 연음을 소리 내는 경우도 있고, 그렇지 않은 경우도 있다.

문제는 연음이었다. 내가 공부할 때는 이 연음이 소리 날 경우에는 어떻게 소리 나는지 몰랐고, 이 부분을 배제하고 공부하였기 때문에 듣기가 들리지 않았던 것이다. 그때의 내 기분은 다시 프랑스어를 처음부터 공부해야 하나라는 생각도 들 정도였다. 언어라는 것은 듣기가 되어야 말을 할 수 있는데 들리지가 않았던 것이다. 그러나 그 당시 파리로 떠나야 하는 날이 얼마 남지 않았기 때문에 듣기도 제대로 되지 않는 상태로 떠나야 했다. 그리고는 초기 파리 생활을 할 때 곤혹을 치러야만 했다. 파리에서 공부를 시작하며 연음이 되는 경우를 따로 익히고, 실제로 현지인들이 하는 프랑스어를 매일 듣다 보니 몇 개월이 흐른 후에는 연음이 있어도 실제 글로 쓰면 어떻게 쓰이는지 머릿속에 쓸 수 있을 정도가 되었다.

프랑스어는 영어랑 달리 비음이 있다. 프랑스어가 여성스럽고, 듣기에 좋은 언어라고 말하는 이유는 연음과 비음이 많이 섞이면서 나는 소리 때문인 것 같다. 비음은 쉽게 말해 콧소리다. 그런데 비음이 한국어에도 사실 많이 숨어있다는 것을 아는가? 바로 ㅇ[이응] 받침이 있는 경우다. '안녕', '공부'와 같은 경우다.

프랑스어는 an[엉], in[앙], on[옹], en[엉,앙], ain[앙] 같은 경우에 비음 소리가 나게 되는데, 상대적으로 이러한 조합의 단어들이 많다 보니 비음 소리가 많이 들리는 게 사실이다. 그러나 비음 같은 경우에는 자연스럽게 한국어를 하듯이 소리 내도 되기 때문에 어떤 경우에 비음소리가 나는지만 공부한다면 크게 어려움 없이 소리 낼 수 있을 것이다.

동사변형

영어를 공부하면서 동사변형이 있다는 것을 따로 배운 기억이 있는가? 아마 없을 것이다. 그러나 알고 보면 처음 영어를 공부할 때 동사변형을 공부했다. 동사변형이라는 것을 잘 기억 못하는 이유는 영어는 프랑스어에 비해 동사변형이 쉽다. 처음 영어를 공부할 때, 문장의 기본이 되는 인칭대명사와, 동사에 대해 배우게 된다. 동사 중에 '~입니다'에 해당하는 be동사에 대해 배우기 시작하며 주어에 따라 각각 I am, You are, He/She is, They are, We are 과 같이 동사가 변한다는 것을 배운다. 바로 이것이 동사변형인 것이다.

즉, 동사 원형인 be동사는 주어에 따라 am, are, is 와 같이 변한다. 근데 우리는 배울 때, 이것이 동사변형이라고 따로 배우진 않는다. be동사를 제외한 일반 동사를 배우며 3인칭을 제외한 나머지 인칭에 따른 동사변형은 동일하고, 비교적 간단하기 때문이다.

프랑스어의 동사변형 La conjugaison은 영어와 무엇이 다를까? 내가 프랑스어를 접하며 제일 어렵게 느껴졌던 것이 사실 이 동사변형이다. 프랑스어를 공부하며 가장 시간을 많이 할애한 것도 이 동사변형이다. 영어에서 '~입니다'를 뜻하는 be동사는 프랑스어에서는 être 동사라고 한다. 각 인칭에 따른 이 동사의 변화는 모두 다르다.

Je suis 나는 이다.

Tu es 너는 이다.

Il/elle est 그 / 그녀는 이다.

Nous sommes 우리는 이다.

Vous êtes 당신은 / 너희들은 이다.

Ils / elles sont 그들 / 그녀들은 이다.

이와 같기 때문에 기본적으로 모두 암기가 필요한 것이다. 또한 이 être동사 이외에 일반 동사들도 전부 다르기 때문에 각 동사에 따른 동사변형을 모두 알아야 문장을 만들고, 그 이후에 말하고 쓸 수 있는 진짜 프랑스어가 완성되는 것이다. 외국어는 영어만 배웠었기 때문에, 이러한 사실에 놀라지 않을 수 없었고, 가장 기본적으로 암기가 요구되는 언어였던 것이다. 이상하게 암기를 하다보면 헷갈리는 부분은 항상 생기게 되며 동사변형을 공부하며 잘 외워지지 않는 그런 동사도 있다. 어느 정도 암기를 하며 알게 된 사실은 무조건 외워야 하는 것은 아니고 동사들 중에서도 비슷하게 변화가 일어나는 동사를 1군(끝이 er로 끝다는 동사), 2군(끝이 ir로 끝나는 동사)으로 나누어서 배우는 사람의 입장에서 외우기 편하게 규칙이 존재하였다. 물론 3군이라고 해서 규칙이 없는 불규칙 동사도 있긴 하지만 무조건적으로 외우는 것이 아니라, 그 안에서도 규칙이 있다는 것에 나는 다행이라고 생각하며 규칙을 토대로 암기했다.

프랑스어의 동사변형이 쉽지 않은 것은 사실이다. 이것 때문에 어려움을 겪는 학생들도 실제로 많이 봤다. 그러나 동사는 문장에서 기본이 되는 요소이기 때문에, 처음에 어렵게 다가온다. 또한 암기를 하기 위해 어느 정도의 시간을 할애하여 외워야 한다. 나 같은 경우는 동사변형을 공부할 때, 어디를 가든 항상 동사변형을 정리 해놓은 노트를 가지고 다니며, 시간이 될 때마다 확인하였고, 이러한 습관은 파리에 가서 처음 어학교를 다니며 공부할 때도 이어졌다. 파리에 가서 생활을 하며 프랑스어를 직접 사용할 때는 신기하게도 어느 정도 감이 오기 시작하며 새로운 동사를 보더라도 실제로 사용을 할 때 큰 어려움 없이 사용할 수 있었다.

프랑스어는 여성스러운 언어가 아니다

파리 생활을 하며 공부를 시작한 지 꽤 오랜 시간이 흘렀고 나의 프랑스어 실력은 프랑스인과 대화를 할 수 있는 정도의 실력이 되었을 때쯤이었다. 수업시간에 선생님이 〈L'Esquive회피〉 라는 프랑스어 영화를 틀어주며, 영화에 나오는 표현들을 가르쳐 주는 수업이었는데, 그 당시 내겐 충격이었다. 나는 프랑스어가 여성스럽다는 생각을 항상 갖고 있었고, 이 생각은 보통의 한국 사람들도 비슷한 생각을 하고 있었다.

영화는 파리 교외 지역에 살고 있는 중학생들이 학교에서 일어나는 다양한 사건을 접하며 하루하루 그들이 살아가는 모습을 그린 영화다. 그런데 그 지역은 파리 시내와는 분위기가 많이 다른 빈민가였다. 내가 알고 있는 파리와는 전혀 다른 세상이었다. 파리에 살고 있거나 파리에 여행을 다녀온 사람들에게 파리에서 위험한 곳을 고르라면 대부분의 사람들은 몽마르뜨가 위치하고 있는 18구라고 말할 것이다. 파리 중심가에서 북쪽에 위치한 곳이다.

나 또한 파리에 거주하며 많은 사람들에게 파리 북쪽은 위험하다는 이야기를 수차례 들었다. 그리고 실제로 파리에서 조금 벗어난 교외 지역에서 살아보기도 했는데 주로 이곳은 파리 중심가인 1구에서 20구를 제외한 주변 지역을 의미한다. '일드프랑스Ile de france'라고도 불리는 이 지역은 파리를 포함하여 주변의 교외 도시들을 포함한 곳을 말한다. 파리에서 집을 구하지 못하는 사람들은 주로 교외 지역으로 가게 되는데 경제적으로 어려운 사람들이 많이 거주하는 빈민가들이 많다 보니 사회적으로 큰 이슈인 상태다.

파리는 집을 구하기가 하늘의 별따기보다 어려워서 현지 파리지앵들에게도 쉽지 않다. 나 같은 외국인은 더 어려운 것은 말하지 않아도 알 것이다. 어느 한 인터넷 기사에 따르면 파리의 20~34세 청년 세대가 차지하는 비율은 27.6%로 프랑스 도시의 평균 비율인 18.9%보다 월등히 높다. 그만큼 대학을 다니는 대학생들부터 대학교를 졸업하고 사회생활을 시작한 지 얼마 되지 않은 사회 초년생들이 파리에 많이 거주한다는 뜻이다. 그 이유로 그들은 경제적으로 여유롭지 않은 상황인데 집을 구할 때, 집주인들은 그들의 경제적 이유 때문에 집세가 밀릴 수 있다는 이유로 보증인을 요구한다. 보증인이라고 한다면 주로 경제적 능력이 있는 가족 구성원 중에 한 명이 되는데 주로 부모님이 보증인이 된다. 만약 조건에 충족하지 못한다면 괜찮은 조건의 집을 구하기는 그만큼 더 어려워진다.

나 또한 이전 집 계약 기간이 만료되어 다른 집을 구하는 동안 'Aubervilliers오베빌리에'라고 불리는 파리 북쪽 교외 지역에 위치한 한인 민박에 잠깐 머물렀던 경험이 있다. 그 당시에 언어를 배우며 일을 동시에 하며 매일 아침저녁으로 동네 분위기를 느낄 수 있었다. 메트로역에서 나오자마자 아랍계, 아프리카계 이민자들이 주로 보였고, 프랑스 현지인은 눈에 잘 띄지 않았다. 그러다 보니 분위기가 어두웠고, 프랑스어보다는 그들의 언어가 들렸고, 아시아인이 많지 않은 동네에 나 같은 사람이 돌아다니니 그들에게는 눈에 띌 수밖에 없었다. 그 이유로 인해 나는 집에서 메트로역 사이의 거리를 이동할 때마다 항상 약간의 긴장을 했다. 그러나 다행히도 그곳에 머물며 문제가 생겼던 적은 없다.

사회적으로 문제가 많이 대두되면서 이러한 빈민층과 관련된 영화도 많이 상영이 되었다. 이 영화는 생드니Saint-denis라고 불리는 지역, 즉 파리 북동쪽에 위치한 행정 구역 상 93번에 해당하는데 프랑스에서 93번 구역에 산다고 하면 위험하지 않냐고 물어볼 정도로 사회적으로도 위험한 곳으로 인식이 되고 있다. 그곳에 사는 사람들은 기본적으로 일자리가 없어서 간간히 국가에서 제공되는 연대 수당(약 400유로)을 받으며 생활하고 있는 실정이다.

프랑스어를 생각할 때 어떤 느낌인가? 일단 언어 자체가 어렵다는 느낌과 발음이 어렵고, 여성스러운 언어라고 말할 수 있고 더 나아가 품위가 있는 언어라고 생각할 수 있다. 그중에는 프랑스어를 하는 사람은 뭔가 달라 보인다고 말하는 사람도 있다. 앞서 말했던 영화에서는 중학생들이 주인공으로 나오는데, 빈민가 지역에 사는 아이들 사이에서도 풋풋한 사랑의 감정을 느끼며 그 과정 속에서 친구들의 반갑지 않은 시선을 느끼며 서로의 감정을 부끄럽게 비추는 모습이 그려진다. 그런데 그들이 영화 속에서 하는 언어는 내가 알고 있던 프랑스어가 아니었다. 그들의 말은 알아들을 수 없을 만큼 빨랐고 발음 또한 정확하지 않았다. 프랑스어가 아닌 다른 언어를 하고 있던 것이었다.

선생님은 영화를 보며 그들이 하는 표현들을 설명해 주었는데 내가 알아듣지 못한 이유가 있었다. 바로 프랑스어와 아랍어를 섞어서 말을 하고 있던 것이었다. 주로 그 지역의 부모들은 이민자들로서 아랍 계층 즉, 프랑스의 식민지였던 북아프리카 계통의 사람들이었다. 그러다 보니 프랑스어와 아랍어를 섞어서 사용하는 것이었다. 현재는 아랍권에서 자주 사용되는 표현들이 프랑스 사람들의 일상에도 많이 스며들어서 길거리에서도 많이 들을 수 있다. 특히 이러한 말투와 표현들은 나이가 어린 청소년 층들이 많이 쓰고 있는데 쉽게 말해 아랍어가 그들에게는 속어인 것이다.

내가 들은 그들의 말투는 프랑스어 느낌과는 너무 달랐고 실제로 젊은 프랑스인들에게도 영향을 끼쳐 아랍계 식으로 말하는 사람도 많았다. 그런데 내가 듣고 느꼈던 것은 프랑스어가 전혀 여성스럽거나 부드럽게 들리지 않았고 성의 없게 대충 말하는 남성스러운 언어라는 느낌이 강하게 들었다. 이 영화를 본 후, 메트로를 타거나 길거리를 지나갈 때에 영화에서 나왔던 표현과 말투로 말하는 사람들을 쉽게 발견할 수 있었고, 실제 프랑스의 힙합 장르의 랩을 들을 때도 이 느낌을 받을 수 있었다.

또한 프랑스어도 우리나라처럼 말을 짧게 줄여서 말하는 경향이 있다. 가장 기본적인 예로 '나는 모른다'라는 뜻의 'Je ne sais pas'라는 문장을 들어보면 먼저 이 문장에는 비음이 없고 그냥 한국어로 발음을 표기한다면 [쥬느쎄빠]가 된다. 영어에서는 부정문을 만들기 위해서 'not'을 넣지만 프랑스어에서는 'ne pas'를 넣어서 문장을 완성한다. 문제는 실제로 프랑스 사람들은 일상생활을 하며 이렇게 'Je ne sais pas 쥬느쎄빠'로 발음하는 경우는 없다. 처음에 내가 파리에 정착을 했을 때 이들의 말을 전혀 알아듣지 못하는 이유 중 하나가 이 때문이었다. 그들은 이 문장을 줄여 'Je sais pas 쥬쎄빠'라고 했다.

나중에 공부를 하며 알게 되었는데 프랑스어의 구어체에서는 'ne'는 생략한다고 한다. 그런데 문제는 더 빨리 말해서 [셰빠]로 발음하는 것이었다. (프랑스어 발음으로 프랑스인들은 이것을 Chais pas로 적는다.) 이 소리를 들었을 때 나는 시크하지만 성의가 없는 말투로 느껴졌다. 물론 프랑스인들이 들을 때는 다를지 몰라도, 한국인인 내가 들었을 때는 고풍이 있거나 여성스러운 언어라고 느낄 수 없었다. 심지어 영화 속에 나오는 여자 주인공의 말투 또한 여성스럽기보다 남성스러운 느낌을 받았다.

이러한 말투와 빠른 속도가 합쳐져서 우리가 한국에서 접하는 프랑스어의 말투와는 많이 다른 것을 느낄 수 있었다. 그들이 일상생활에서 사용하는 프랑스어는 많이 다른 것이었다. 그 이유는 우리와 같이 외국인들이 공부를 할 때는 모든 정식으로 발음을 배우며 학습을 하지만 실제 구어체에서는 그렇지 않다는 것이다. 동시에 나는 이러한 프랑스어의 특징을 알게 되었고 그들과 소통하면서 오히려 영어보다 더 발음이 쉽다고 느꼈다. 영어는 기본적으로 발음을 할 때 버터 바른 발음을 할 정도로 혀를 굴려서 발음을 하는 언어이고 우리말에는 존재하지 않는 발음이다. 가장 쉬운 예로 a라는 알파벳만 보더라도 [에이] 발음을 들어보면 딱딱한 발음이 아닌 굴리는 발음인 것을 알 수 있다. 프랑스어는 영어와는 달리 한국어의 발음과 더 비슷한 면을 갖고 있다고 느꼈다.

개인의 차이일 수도 있지만 10년이란 세월 동안 영어를 공부했어도 원어민처럼 똑같이 발음하기란 여간 어려운 일이 아닐 수 없다. 성인이 조기 유학을 다녀온 어린아이들을 제외하고 원어민과 유사한 발음으로 말하기란 참 어렵다고 느껴지는 게 사실이다. 그런데 나의 경우는 파리에서 생활을 할 때 발음이 좋다며 파리에서 태어났냐고 물어보는 사람들도 만날 수 있었다. 그들은 주로 나에게 "Tu n'as pas d'accent!뛰나빠닥썽"이라고 이야기를 하고는 했다. 이 이야기는 한국인 특유의 억양이 없다는 뜻이었다. 나에게는 참 신기한 일이었다. 그토록 오래 공부한 영어는 내가 듣기에도 원어민과는 같지 않은 발음을 하지만 프랑스어는 원어민이 듣기에도 원어민으로 착각할 수 있을 정도이니 '프랑스어 발음이 한국인에게 더 쉬울 수 있겠구나'라는 생각을 했다.

나는 뒤늦게 외국어에 소질이 있다는 것을 깨달은 유형이다. 가끔은 고등학교 2학년 문과, 이과로 나누어질 때, 이과가 아닌 문과로 갔어야 하지 않았나 생각을 하기도 한다. 사람마다 선천적으로 타고난

능력이 다르기 때문에 모든 사람이 나와 같다고 생각은 하지 않는다. 그러나 내 경험으로 비추어 봤을 때, 나는 뒤늦게 외국어를 배우는 사람은 적어도 발음에서는 영어보다 프랑스어가 한국인에게 더 쉽다고 생각한다. 물론 처음 접했을 때 프랑스어의 발음은 어렵게 느껴질 수 있으나 열정과 끈기를 갖고 도전한다면 원어민과 비슷한 발음을 할 수 있으리라 생각한다. 외국어를 구사하는 면에서 발음은 제일 중요한 요소라고 말해도 과장이 아니기 때문에 발음이 좋다면 프랑스어를 잘하는 사람으로 인식될 수 있다. 뒤늦게 배운 나도 해냈기 때문에 누구나 노력만 한다면 좋은 결과를 낼 수 있다.

프랑스어 화법에서 그들의 문화를 익히다

나는 외국어를 공부할 때 그 나라 사람들의 화법이 중요하다고 생각한다. 영어를 모국어로 사용하는 사람들을 잘 보면 그들이 주로 사용하는 표현에서 우리말과 다른 점이 있다. 물론 이와 같은 것은 처음에 알아차리긴 어렵다. 어느 정도 간단한 대화를 할 수 있고 그들이 말하는 것을 이해할 수 있을 때 비로소 보이게 된다.

영어를 먼저 예로 든다면 영어를 모국어로 사용하는 외국인들은 버릇처럼 "You know?"라는 말을 습관적으로 많이 한다. 개인마다 다르기는 하겠지만 정말 많이 사용하는 사람은 문장 시작과 끝에 붙여서 이야기를 한다. 또한 문장 사이사이에 말하기 전에 "아암~"이라고 하는 경향이 있다. 우리나라는 말을 하다가 생각이 안 나거나 생각을 할 때, "어~"라고 말을 끄는 습관과 비슷하다고 보면 된다.

프랑스는 다음과 같은 특징이 있다.

프랑스어는 지시대명사가 몇 가지가 있다

지시대명사는 나의 경험으로도 헷갈렸던 부분이고 실제 프랑스어를 가르치며 많은 학생들로부터 질문을 받았다. 영어에서는 This, That, It에 해당하는 부분이다. 한국어로는 이것, 저것, 그것으로 말할 수 있는데 주로 거리와 말하는 사람의 입장에서 바뀌기도 한다. 프랑스어는 이와 같은 문법이 지시대명사 이외에 중성대명사라고 하는 것도 존재한다. 먼저 사람이나 사물을 지칭할 때 사용을 한다.

먼저 지시대명사는 이, 저, 그를 뜻하는 celle[쎌], celui[쓰루이]와 같이 사람, 사물의 성에 따라 여성은 celle, 남성은 celui로 받아서 사용한다. 그리고 ci, là를 붙여서 거리에 따라 celle-ci, celui-là를 사용한다. 가까운 것은 ci, 조금 먼 것은 là를 사용한다고 하기도 하는데, 실제로 프랑스에서는 큰 구분 없이 사용한다.

중성대명사는 성에 상관없이 모든 것들을 지칭할 때 동일하게 사용이 가능하다. 종류로는 ce, ça, ceci, cela 가 있다. 모두 동일하게 뜻은 한국어로 상황에 따라 이것, 저것, 그것이 될 수도 있고 때로는 상황에 따라 암시적인 무언가를 의미하기도 하고 어떠한 상황이나 분위기를 의미하기도 한다.

먼저 ce라고 하는 것은 단독으로 쓰이기보다 c'est처럼 동사 앞에 주어로 사용이 된다. ce + est (être동사) =c'est 가 된 것이다. 영어에서 it처럼 비인칭 주어로 쓰였다고 생각하면 된다.

ceci 와 cela는 ce 와 ci, là가 결합된 것으로 이것, 저것, 그것의 의미로 모두 사용할 수 있다. 또한 ça라고 하는 것은 좀 전에 설명한 ceci, cela와 같은 의미지만 둘 다 줄여서 ça[싸]라고 할 수 있다. ceci, cela는 주로 문어체에서 사용을 하고 격식이 있는 자리에서 사용한다.

반면에 ça[싸]라고 하는 것은 구어체에서 주로 사용해서, 주로 일상생활에서 가장 많이 사용한다고 생각하면 된다. 그러나 빵집과 같은 곳에서 주문을 할 때는 ceci, cela를 많이 사용하는 것을 보았으니 참고하면 좋을 것 같다.

이와 관련하여 대표적인 예도 있다. 프랑스어에서 '잘 지내니?'라는 뜻의 'ça va?'라고 하는 것도 여기서 ça는 '이것', '그것'이라는 뜻이 아니라 상대방의 현재 상황을 뜻하고 '가다'라는 뜻의 aller 동사의 3인칭 변형 'va'가 와서 '당신의 상황은 잘 흘러가나요?' 곧, '잘 지내시나요?'라는 뜻이 된 것이다.

프랑스어 명령형 L'impératif

프랑스어에서 명령어는 세 가지로 나뉜다. 2인칭 tu[너]라는 상대방에게 하는 경우, 2인칭 존칭의 vous로써 상대방에게 높임 표현을 해야 하는 경우, 그리고 우리를 의미하는 nous의 경우에 '우리 ~하자'라는 의미로써의 명령어, 이렇게 세 가지가 존재한다.

이 명령어는 상황에 따라 권유나 부탁이 될 수도 있다. 예를 들자면 manger[멍제]라는 '먹다'라는 동사로 2인칭의 상대에게 명령을 하게 되면 mange[멍쥬]!가 된다. 그럼 뜻은 '먹어!'가 된다. 바로 주어는 생략되고 동사에서 변형만 일어나면 된다. 즉 일반적인 명령형은 주어 없이 명령형의 동사 변형만 사용되는 경우다. 이 명령형을 프랑스어로 'L'impératif람페하티프 라고'한다. 이렇게 사용하면 뜻은 '~해!'라는 뜻이 되기 때문에 듣는 사람의 입장에서는 상황에 따라 기분이 좋지 않을 수 있다.

프랑스 여자친구가 있을 때 프랑스 가족을 만나서 그들이 생활하는 것을 마주하며 프랑스어를 사용할 기회가 있었다. 한번은 이 프랑스 명령형인 'L'impératif람페하티프'를 사용하였는데, 그렇게 하지 말라는 것이었다. 그 대신 's'il te plaît실뜨쁠레'라고 하는 것을 붙여야 한다는 것이었다. 프랑스어를 접해 본 사람이나 프랑스를 한 번쯤 가본 사람은 's'il vous plaît실부쁠레'라고 하는 것을 한 번쯤은 들어봤을 것이다. 영어에서 'please'에 해당하는 것으로 주로 상대방에게 부탁을 할 때 사용한다. 좀 더 가까운 관계에서는 vous부 대신 te뜨라고 하는 것만 다르고 뜻은 동일하다. 그 이후로 이러한 표현을 부탁할 때 붙이려는 습관을 길렀던 것 같다.

좀 더 정중하게 부탁하는 경우도 있는데 'pouvoir'라는 '할 수 있다'라는 동사와 함께 의문문으로 문장 끝에 's'il vous plaît' 또는 's'il te plaît'를 붙이는 것이다. 예를 들어 문장으로 만든다면 'Tu peux venir demain, s'il te plaît? 너 내일 와 줄 수 있니?'처럼 부탁하는 말투가 된다.

한국에도 누군가에게 명령 혹은 부탁을 할 경우에 다양한 방법이 있지만 모국어인 우리에게는 자연스럽지만 외국어를 공부할 때는 모든 것이 새롭기에 이러한 방법이 있다는 것을 알고 접근한다면 여행을 가거나 누군가와 대화를 할 때 큰 도움이 될 것이다. 상황에 맞게 적절하게 사용하자.

영어와 한국어에는 존재하지 않는 강세인칭대명사

프랑스어에는 강세인칭대명사라는 문법 용어가 존재한다. 우리말과 영어에서는 존재하지 않는 것인데 나 또한 프랑스어를 공부하면서 강세인칭대명사라는 용어도 잘 몰랐다. 프랑스로 떠나기 전 한국계 프랑스인이 대표로 있는 IT회사에서 인턴을 했을 때의 일이다.

그 당시 나는 프랑스어를 문장으로 만들어 대화할 수 있는 수준은 아니었고, 가장 간단한 문장들이나 단어만 몇 개 알고 있었을 때다. 프랑스어 실력이 안 되니 프랑스인 직원들끼리 하는 대화에는 당연히 낄 수가 없었다. 알아듣지는 못해도 귀가 있으니 듣고만 있을 수밖에 없었는데 그때 그들과 영어로 의사소통을 할 때 이상한 점이 있었다. 영어로 이야기를 하며 문장을 시작할 때 I[나]로 말하기 전에 Me[나]라는 목적어를 먼저 말하는 것이었다.

예를 들면 Me, I am tired[나, 나 피곤해]. 이렇게 주어를 말하기 전 목적어인 Me라고 하는 것이었다. 의미를 이해 못 하는 것도 아니어서 그때는 그냥 그런가보다 하고 넘어 갔었다. 그런데 대화를 하면 할수록 목적어를 문장 앞에 말하는 횟수는 늘어갔다. 나는 원래 프랑스 사람들은 그런가 보다 생각을 했다.

나중에 알고 보니 이들이 이렇게 목적어를 먼저 말하는 이유는 바로 강세인칭대명사였던 것이다. 나중에 프랑스어를 배우며 왜 그때 프랑스인들이 목적어를 문장 앞에 먼저 말하는지 깨달을 수 있었다. 프랑스어의 강세인칭대명사는 인칭대명사와 같은 뜻으로 해석된다. 즉 주어 인칭대명사 Je[나], Tu[너], Il[그], Elle[그녀], Nous[우리], Vous[당신, 너희들], Ils[그들], Elles[그녀들]가 강세인칭대명사로 변경이 되면 Moi[나], Toi[너], Lui[그], Elle

그녀, Nous우리, Vous당신, Eux그들, Elles그녀들이 된다.

이 강세 인칭대명사는 주어 앞에 와서 강조를 한다. 예를 들면 "Moi, je suis coréen et toi? 나, 나는 한국 사람이야, 너는?"이라는 문장이 된다. 이 문장에서 쓰인 Moi는 주어 앞에 '나'라는 강세형이 와서 강조를 했고, 뒤에 너를 의미하는 toi 라고 하는 것도 강세형으로 단독으로 사용됐다. 즉, 주어 앞에서 강조를 하거나 전치사와 함께 쓰이거나 단독으로 쓰일 때 강세인칭대명사를 사용한다.

이 강세인칭대명사는 사용을 해도 되고 안 해도 문장이 틀린 것은 아니지만, 주로 프랑스 사람들은 말할 때 습관처럼 붙이는 경우가 있다. 오히려 안 쓰면 어색하기까지 하다.

나는 예전에 왜 프랑스인들이 영어를 할 때, 목적어를 주어 앞에 붙이고 얘기를 하는지 이해할 수 있었고 '아 그래서 그랬구나!' 하고 속으로는 무언가 재미있는 것을 발견한 느낌이 들어 뿌듯한 마음도 들었다. 그들에게는 그것이 자연스러운 습관이어서 외국어를 말할 때도 자연스럽게 나오는 것이었다. 이래서 언어를 공부하면 공부할수록 재미를 느끼는 것 같다.

프랑스식 은어

어느 나라나 은어는 있기 마련이다. 주로 이 은어는 젊은 계층으로부터 생기는 경우가 많은데 영어로는 'slang슬랭'이라고 하는 것을 프랑스어에서는 'argot아고'라고 한다. 프랑스어에도 은어가 존재하는데, 일반적으로 생겨난 은어를 제외하고 프랑스에서는 특별한 방법으로 생겨난 은어가 있다. 프랑스어로는 이것을 'Verlan베흐랑'이라고 한다. 이 'verlan'이라고 하는 것은 단어의 음절을 뒤집어 말하는 것이 특징이다.

대표적인 verlan은 relou, meuf, cimer, ouf가 있다. 이 4개는 실제로 프랑스인들을 만나서 자주 들었던 단어들이다. 먼저 'relou'라고 하는 것은 'lourd'라고 하는 '무거운'이란 형용사에서 나왔다. 원래 이 형용사는 '루흐'라고 발음이 나서 거꾸로 음절을 뒤집어 소리를 내면 흐루가 되어 단어를 만들다보니 relou가 된 것이다.

두 번째 meuf는 femme 여성이라는 단어에서 나왔는데 이 또한 팜므라는 음절을 뒤집어 머프라는 단어가 생겼다. 세 번째 cimer는 merci라는 고맙습니다의 단어에서 나왔다. '메흐씨'라는 발음에서 반대로 발음해서 '씨흐메' 라고 발음한다.

마지막으로 'ouf'라는 단어는 'fou프우'라는 '미친'이라는 형용사인데 프우라는 소리가 나서 거꾸로 우프라는 소리로 반대로 뒤집어졌다고 생각하면 된다. 전부 뜻은 본래의 단어의 뜻과 동일하고 발음만 달리 한다.

위와 같은 단어들은 은어이기 때문에 주로 10대, 20대에서 주로 많이 사용되는데 뜻이 상황에 따라 조금 바뀌어 좋지 않은 의미가 될 수도 있기 때문에 상황에 따라 잘 가려가면서 사용해야 한다. 그리고 은어의 특성상 일상생활에서 사용하는 문자나, SNS 상에서는 볼 수 있어도 일반 문어체에서는 찾아보기 어렵다. 프랑스어를 공부하며 꼭 사용은 하지 않더라도 이러한 표현들도 사용한다는 것을 알아두면 프랑스 영화를 보거나 나중에 프랑스인들과 대화하는 것을 이해하는데 더 도움이 될 것이다.

프랑스어 DELF B2를 따는 시크릿 비법 5

외국어를 공부하다 보면 어느새 일정 수준에 오르게 된다. 그러면 대부분의 사람들은 외국어 시험을 보고 점수를 남겨야 한다고 생각하는데 특히 우리나라 사람들이 이렇게 생각하는 경향이 있다. 나 또한 프랑스어를 마스터 하고 싶은 목표가 있었고, 한국으로 귀국하기 전 프랑스어 능력 시험 DELF B2를 취득해야겠다는 생각을 했었다. 모든 외국어에는 그에 따른 외국어 능력 시험이 존재한다.

프랑스어 능력 시험은 DELF, DALF, TCF와 같은 시험으로 나누어진다. 먼저 DELF는 A1, A2, B1, B2로 나누어지고 'DALF'라고 하는 것은 C1, C2로 구분된다. 그리고 마지막으로 TCF는 토익과 같이 어느 특정한 점수로 결과가 나오는 유형의 시험이다. 그중 DELF, DALF를 일반적으로 많이 보는데 이 시험을 학교나 기관에서 인정해준다. 그리고 이 두 형태의 시험은 원어민과 실제 말하기 테스트가 있고 쓰기, 독해, 듣기 시험이 있다. 일단 이 세 가지 시험은 유형이 조금씩 다른데 내가 프랑스에서 취득한 DELF는 일반적으로 프랑스어를 전공한 전공자들이나 프랑스 학교를 가기 위해 공부하는 사람들이 기본적으로 따는 수준이다. 그리고 그것보다 더 상위에는 DALF C1이 있는데 DELF B2와 시험의 유형도 조금 다르다. 그리고 프랑스어 능력 시험의 장점은 영어에서 많이 보는 시험인 토익, 스피킹 시험들은 유효기간이 정해져 있는 반면에 프랑스어 시험은 유효기간이 존재하지 않아 평생 유효하다. 난 이런 사실을 알았을 때 한 번 따 놓으면 나중에 큰 도움이 되겠다는 생각이 들어서 꼭 시험을 보겠다고 마음먹었다.

참고로 최상의 성적이 최종적으로 자신 소유의 자격증이 되므로 만약 A2가 있을 때, B2를 취득하게 되면 A2는 사라지게 되면서 최종적으로 내 자격은 B2가 되는 것이다. 즉 업그레이드가 가능하다는 뜻이다. 조건은 4가지 영역에서 모두 100점 만점에 50점 이상을 받아야 하고, 그중 한 영역에서 50점 아래를 받게 되면 해당하는 자격증을 취득하지 못하고 과락을 하게 된다.

나는 프랑스를 떠나기 전, 6개월가량 기본적인 발음, 문법, 동사 변형을 공부했다. 일을 하며 공부했기 때문에 매일 공부하기가 어려웠고 그래서 시간이 될 때마다 공부했다. 프랑스에 가기 전에 프랑스어 듣기 파일을 들었을 때는 가장 기본적인 문장을 제외하고는 들리지도 않았고, 대화를 할 수 없는 상태였다. 기본적인 동사 변형만큼은 확실히 외웠던 것 같다. 그리고 프랑스에 생활 후 1년쯤 되었을 때,

DELF B2 시험을 치렀고 결과는 합격이었다. 지금부터 어떻게 프랑스어를 공부했는지 노하우에 대하여 5단계로 나누어 설명해 보려고 한다. 이 책이 프랑스어와 관련된 책이기 때문에 프랑스어에 대한 노하우이지만 사실 모든 외국어 공부에 해당하는 내용이 될 것이다. 내 개인적으로 영어, 프랑스어를 공부하며 비교적 빠른 속도로 어떻게 외국어를 터득할 수 있었는지에 대해 공유하고자 한다.

모방은 창조의 어머니이다

'모방'의 사전적 의미는 '다른 것을 본뜨거나 본받음'이다. 모방은 상황에 따라 긍정적인 의미가 되기도 하고, 부정적인 의미가 되기도 한다. 나는 모방이 외국어를 공부하는 데 가장 중요한 요소 중에 하나라고 생각한다. 외국어를 공부하며 모방은 왜 중요할까? 당신이 외국어 중 프랑스어를 처음 접한다고 생각해 보자.

처음에는 지금껏 살아보며 듣지 못했던 발음을 접하며 재미있기도 하고 때로는 어렵다고 느끼기도 할 것이다. 그러나 처음 배우는 이 단계에서 많은 문법을 알지는 못하더라도 만약 프랑스어 발음이 좋고 유창한 한국인, 또는 원어민의 발음을 따라 해서 그들과 같은 억양과 발음을 낼 수 있다면 어떨까? 모든 언어의 발음이 중요하듯 프랑스어 또한 발음이 중요하다. 모방을 잘해서 발음을 원어민처럼 낼 수 있다면 고급 표현을 잘 알지 못해도 깊은 대화를 하지 않는 이상 잘하는 사람으로 기억될 것이다. 그러나 외국어를 공부한다는 것은 우리가 평상시에 생활하던 내 모든 것을 변경시키는 것이라고 보면 된다. 그런데 갑자기 살면서 익숙지 않은 언어를 내 입으로 소리 낸다는 것은 정말 처음에 적응하기 어렵다.

나는 프랑스어를 처음 공부하며 내가 공부한 방법대로 프랑스어를 읽어 보았다. 너무 이상했는데 그 이유는 생전 처음 들어보는 소리였던 것이다. 물론 그전까지 살면서 프랑스어라고 인지하지 못한 채 들어 봤을 수도 있지만 어느 나라 언어인지 알지 못한 채 스쳐 지나가며 들었을 것이다. 그 언어를 하는 내 입도 이상하게 느껴지고 그것을 듣는 귀는 더 혼란이 왔을 것이다. 그래서 처음 배울 당시에 나는 혼자 공부할 때 프랑스어를 읽고는 있지만 제대로 읽고 있는지 확인할 방법이 없었다. 이 부분이 사실 큰 어려움이었다. 읽는 방법을 익힌 후 문장을 읽어봤지만 프랑스어에 익숙지 않은 내 귀 때문에 발음에 대한 확신을 할 수 없었고, 프랑스어를 공부하며 진전이 되는 건지 의심할 수밖에 없었다. 처음 접하는 외국어를 공부하며 원어민처럼 발음하는 것은 쉽지 않았다.

모방은 한 번 듣고 따라 할 수 없는 것이 많다. 그래서 어느 정도 그 언어에 익숙해지는 시간이 필요하다. 여기서 기본적인 시간 투자가 필요한 것으로 모방도 사실 타고 나는 부분이 있다고 생각한다. 개그맨들 중에서는 남을 웃기기 위해 유명인의 성대모사를 하곤 한다. 누군가를 따라하는 것을 잘하는 것이다. 개그맨 김영철 씨는 성대모사를 잘하기로 유명하다. 그리고 남을 따라하는 것을 잘하는 그는 지금 영어강사로도 활동 중이다. 그는 '영어를 잘하는 개그맨'이라는 수식어가 따라다닌다. 남을 따라하는 것을 잘하던 그는 늦은 나이에 영어를 배워 영어를 잘하는 사람으로 새로운 인생을 살고 있는 것이다.

이 사례에서도 모방이라는 그의 특기가 영어를 배우면서도 큰 힘이 되었다고 생각한다.

나는 학생들을 상대로 현재 프랑스어 수업을 진행하고 있는데 한 번은 두 학생 모두 남학생이고 20대 초반으로 나이도 비슷했다. 이 두 명 모두 프랑스어는 처음 접하는 학생들이었다. 그런데 다른 점은 한 학생은 영어를 어느 정도 구사할 줄 하는 학생이었고, 다른 학생은 영어를 잘하지 못하는 학생이었다. 그런데 영어를 구사할 줄 알던 학생은 간단한 단어나 문장을 같이 읽어도 잘 따라하지 못하고, 다르게 발음하는 반면 오히려 영어를 잘 모르던 학생의 발음이 실제 프랑스어 발음과 비슷했다. 물론 영어를 하던 학생은 영어를 먼저 배워서 잘 따라하지 못했을 수도 있다. 한 달을 수업한 결과 그의 발음은 쉽게 고쳐지지 않았다. 지금까지 영어를 잘하는 사람임에도 불구하고 발음을 잘 따라하던 학생들도 있었기에 나는 듣고 따라하는 능력이 선천적으로 남들과 조금 차이가 있는 건 아닌가 생각할 수밖에 없었다.

파리에서 프랑스어를 공부하는 학습자들을 보며 많은 것을 느꼈다. 그들은 같은 원어민 선생님에게 매일 수업을 들으며, 선생님의 목소리와 발음을 들으며 공부했지만 프랑스어 발음을 낼 때는 한국식 발음으로 소리를 내거나, 다르게 소리를 내는 것이었다. 그들에게 원어민처럼 발음하는 것은 어려운 일이었다. 나는 왜 그들은 다르게 소리를 내는지 고민해봤다.

나는 세 가지의 결론을 냈다. 첫째, 원어민이 하는 발음에 집중을 잘 못한 것이다. 둘째, 처음 프랑스어를 접할 때, 잘못 배워서 그 습관이 고쳐지지 않고 계속 이어졌기 때문이다. 셋째, 모방하는 능력이 선천적으로 타고나지 않아 아무리 노력해도 어려운 것이다.

선천적으로 타고나지 않았다 하더라도 남들보다 더 노력을 한다면 비교적 잘하는 사람과 같이 발음을 잘할 수 있다고 생각한다. 모방은 쉬운 것이 아니기 때문에 시간과 노력이 필요하다. 특히 발음이 중요한 외국어를 공부할 때는 어떻게 원어민들이 발음을 하는지 귀 기울여 최대한 똑같이 발음하려고 노력해야 한다.

나 같은 경우 프랑스어를 공부하며 원어민을 따라 하기 위해 많은 노력을 기울였다. 내가 했던 방법 중에 하나는 원어민이 하는 말을 따라하는 습관을 들였고, 수업시간에는 그들이 하는 말을 직접 노트에 적기도 했다. 즉, 선생님이 칠판에 적는 것만 노트 필기를 한 것이 아니라 내가 알든 알지 못하든 선생님이 말하는 문장을 노트에 적는 노력을 했다. 내가 쓰는 것이 맞고 틀리고는 중요하지 않고, 쓰는 것이 중요하다. 틀린 것은 그 후에 확인하면 되었으니 말이다. 물론 이렇게 받아 적기까지는 처음에는 어렵지만 계속 듣고 말하기를 연습하고 시간을 투자하였을 때, 비로소 바로 노트 필기가 가능한 수준까지 되었다.

나는 언어를 배우는 입장이었기 때문에 선생님의 입에서 나오는 프랑스어 단어와 문장은 그 자체로 내게 공부였던 것이다. 그러면서 어떤 상황에서는 어떤 억양으로 어떤 표현을 쓰며, 어떻게 단어를 조합시켜 문장을 만드는지 끊임없이 생각하며 수업을 따라갔다. 모방에 큰 방법은 없고, 최대한 잘 들으려 귀 기울이고, 잘 따라하도록 입으로 소리내어 보고, 써보는 것이 필요하다.

적극적인 태도와 활동적인 성격

외국어를 공부하는 것은 새로운 나를 만들어 가는 과정이라고 생각한다. 언어는 그 나라에서 쓰는 언어뿐만 아니라 문화, 역사, 성격과 같은 많은 것을 내포하고 있다. 그 언어를 마스터해서 원어민과 대화를 할 수 있는 상태가 된다고 상상해 보자. 지금과는 많이 달라진 모습을 발견할 수 있을 것이다. 나 또한 한국어, 영어, 프랑스어 3개 국어를 말할 수 있는 사람으로서, 각 언어를 쓸 때마다 내가 말하는 습관이나 태도가 좀 바뀌는 것을 알 수 있다.

언어를 배운다는 것은 단지 언어만 습득하는 것이 아니라 새로운 내 모습을 만들어가는 과정이다. 언어는 곧 삶이라고 해도 과언이 아니다. 언어를 습득함으로써 새로운 삶을 살 수 있는 기회를 얻을 수 있는 것이다. 그러기 위해선 직접 부딪히며 적극적으로 언어를 배우는 태도가 필요하다. 우리의 삶 속에는 예기치 못한 일들도 많이 일어나고, 다양한 상황에 노출되어 있다. 그러한 상황에 사용하는 언어도 다 제각각 다른 것이다. 그리고 언어라는 것은 말하기가 빠질 수 없다는 것은 모두 아는 사실이다. 우리가 어릴 때부터 공부한 영어만 해도 토익과 같은 시험에서 높은 점수를 얻지만 말은 하지 못하는 사람들이 많을 것이다. 과연 제대로 된 문장을 말 할 수 없다면 과연 외국어를 잘한다고 말할 수 있을까? 아닐 것이다.

만약 소극적으로 삶을 대한다면 말하기를 꺼리게 되고, 특정 상황은 피하게 되고 그 상황에서 배울 수 있는 언어 표현도 줄어드는 것은 당연지사다. 외국어를 제대로 배우려면 많이 말을 해봐야 한다. 그러기 위해선 적극적인 성격이 필요하다.

나는 상황에 따라 내성적인 면도 있는 반면에 외향적인 성격도 지녔다. 언어를 배울 때만큼은 외향적이고 적극적이라고 생각한다. 나는 프랑스어를 공부할 때, 실제 외부활동을 하며 많이 익혔다. 프랑스어를 공부하며 큰 도움이 됐던 것 중 하나는 파리에 도착한 후 3개월 쯤 되었을 때, 언어 교환하는 친구를 찾아 일주일에 한 번 씩 만나 프랑스어로 대화를 한 것이다. 그렇게 우린 매주 만나 프랑스어를 배우고, 나는 한국어를 가르쳐줬다.

그 친구의 한국어 실력은 가나다라부터 배우는 단계였기 때문에, 만나서 헤어질 때까지 프랑스어를 사용해야 했다. 덕분에 나에게는 너무 좋은 기회였다. 나는 이 시간 이외에 원어민과 바로 마주하고 가까이 프랑스어를 들으며 배울 수 있는 상황이 없었기에 나에겐 최고의 선생님이었다. 그래서 나는 그 친구의 말투, 억양, 발음을 모방하려고 노력하였고 큰 도움이 되었다. 그리고 지금까지도 우리는 연락을 하며 지내는 사이로 남아 있다.

그 친구를 만나면서 또 다른 언어 교환 친구를 찾아 프랑스어를 사용하였고, 내 생일 때는 학원 친구들, 언어 교환 친구들과 함께 낮에는 공원에서 피크닉을 하고 저녁에는 와인과, 간단한 빵, 치즈, 과자들을 사서 대화를 나누며 시간을 보내기도 했다. 그렇게 나는 최대한 원어민과 다양한 환경을 접하며 프랑스어를 사용하려고 노력했다. 만약 내가 소극적인 성격이고, 남들과 말하는 것을 좋아하지 않는 성격이었다면 애초에 언어 교환 친구를 찾으려 노력도 안 했을 것이고 밖에 나가서 사람들을 만나려고 하지도 않았을 것이다.

지금 생각해보면 이러한 적극적이고 활동적으로 파리에서 생활을 했기에 비교적 빠른 속도로 프랑스어를 습득할 수 있지 않았나 생각이 든다. 언어는 일상 그 자체인 것이다.

주변 환경을 점검해야 한다

나는 외국어를 공부할 때 가장 좋은 방법은 배우고자 하는 언어를 사용하는 그 나라에 가서 짧게라도 살아보는 것이라고 생각한다. 물론 그렇지 않고 순순히 국내파로서 언어를 공부해서 가르치는 직업을 갖고 있는 분들도 많이 있다. 그들은 보통 사람들보다 몇 배의 노력을 했을 것이라고 생각한다. 그래도 만약 기회가 된다면 직접 나가서 현지인들과 함께 생활해 보기를 추천한다. 아무래도 국내에서 외국어를 공부하는 것은 많은 한계가 있기 때문이다. 나 또한 영어를 제대로 공부하기 위해 호주에서 유학생활을 하며 많은 것을 느낄 수 있었다.

외국에서 생활하는 것의 가장 큰 이점은 내가 큰 노력을 들이지 않아도 내 주변 환경이 그 나라 언어로 둘러싸인다는 것이다. 자연스럽게 나는 계속 그 나라 언어를 들어야 하고, 말을 해야 하는 상황도 주어지고, 심지어 길가에 보이는 간단한 광고들조차 모두 그 나라 언어로 쓰여 있다. 그리고 노력을 기울인다면 그 나라 외국인 친구를 사귀기도 상대적으로 더 쉽다. 그 나라에서는 그 나라 언어를 하는 것이 어떻게 보면 당연하니 언어 교환 친구를 사귄다하더라도 기본적인 대화는 그 나라 언어를 사용하게 된다. 그리고 다양한 상황에 부딪히며 바로 그때마다 그 나라 언어를 배울 수 있다.

그러나 외국에 있다고 해서 모든 사람이 다 그 나라 언어를 잘하는 것은 아니다. 아무리 오래 살았던 사람들 중에도 언어를 잘 못하는 사람도 있다. 외국에 나가게 되면 어디든 한국인 커뮤니티가 있고 한국 식당도 존재한다. 심지어 모로코, 알제리와 같은 북아프리카에 살 때도 한국 식당이 있는 것을 보고 어디를 가든 한국인이 있다는 것을 체감할 수 있었다. 즉, 어디를 가든 한국인은 살기 때문에 외국어를 못해도 살 수 있다는 것이다. 외국생활을 하다보면 외국인을 만나기 꺼려하며 한국인만 만나고, 한국어만 사용하려는 사람들이 있다. 그 사람들처럼 외국어가 중요하지 않다고 생각하고, 한국어만 사용한다면 결국 내 몸은 외국이라고 하더라도 사실은 한국에서 사는 것과 같다고 볼 수 있다.

반대로 한국에 살고 있지만 노력을 해서 자신의 모든 주변 환경을 그 나라 언어로 바꿀 수도 있다. 예를 들어 가장 쉬운 노력으로 핸드폰 언어를 외국어로 바꾸고, 아침에 일어나서 그 나라 언어로 된 외국어 라디오를 듣고, 일주일에 주기적으로 몇 번 외국인을 만나 외국어를 사용하며 시간을 보낸다면 외국어를 배우는 차원에서 외국에 나가서 한국어를 사용하며 한국 사람만 만나며 생활하는 것보다 더 낫다고 생각한다.

프랑스에 살며 내게 보이고, 들리는 프랑스어는 전부 공부라고 생각했다. 예를 들어 메트로에서도 많은 공부를 할 수 있었다. 나는 아직도 파리에 여행을 가면 안내 방송을 따라하는 습관이 있다. 처음에는 뜻도 모르고 따라하다가 점차 문법과 단어를 익힌 후에 그 뜻을 알게 되었을 때는 여행을 하다 보물을 발견한 것과 같은 느낌이 들어 기뻤다. 안내 방송뿐만 아니라 메트로에 보이는 광고판들은 전부 나에겐 공부거리였다. 메트로를 기다리다가도 보이는 단어, 문장들을 읽어 보기도하고 모를 땐 찾아보기도하면서 공부를 했다.

집에 와서는 프랑스 채널을 보며 들리지 않더라도 프랑스어를 들으며 하루를 마무리 했고, 최대한 프랑스어를 나와 가깝게 하려고 노력하였다. 그러다 보니 나중에 영어를 사용해야 할 때, 나도 모르게 영어 단어가 생각이 나지 않고, 발음이 꼬이는 것을 발견했다. 그리곤 영어를 하는 내 모습을 보면 또 낯설게 느껴졌고, 프랑스어와 영어가 머릿속에서 뒤엉키는 경험도 했다.

그 나라에 가서도 내 일상의 주변 환경을 바꾸며 언어와 가까워지려고 노력을 하지 않는다면 그 나라 언어와 가까워지기 어려울 것이다. 내 주변의 모든 것을 바꾸자!

듣기의 중요성을 알아야 한다

나는 호주에서 약 9개월 동안 호주 현지인들과 함께 꽃 공장에서 일을 했던 경험이 있다. 매주 다양한 꽃을 대량으로 포장해서 로컬마트로 배송을 하는 일이었는데 운이 좋게도 일을 하며 MP3를 들을 수 있었다. 나는 호주에서 매일 듣는 영어 스크립트가 있었는데 바로 세계적인 동기부여 강연가로 활동하고 있는 브라이언 트레이시의 한국 강연이었다. 이 스크립트의 장점은 간단한 문장으로 이야기를 하며 동시에 자극을 받을 수 있는 강연 내용이었기 때문에 내 삶에 적용도 할 수 있었다.

나는 내 주변 환경을 영어와 가깝게 하기 위해 MP3파일을 가지고 다니며 시간이 날 때마다 들었고, 중요한 것은 그냥 듣는 것으로 끝내는 것이 아니라 듣고 바로 내 입으로 말하는 연습까지 해서 발음 연습도 동시에 했다. 그렇게 몇 개월을 하다 보니 나중에는 브라이언 트레이시가 말하는 것을 동시에 말할 수 있을 정도가 되었다. 처음에는 알지 못하는 단어나 문법도 계속 듣다 보니 나중에 깨닫게 될 때는 혼자 기분 좋아하며 피식 웃었던 기억이 난다.

파리에서 프랑스어를 본격적으로 공부를 시작했으나 내게 가장 큰 걸림돌이 있었는데 바로 '듣기'였다. 한국에서 6개월이란 시간 동안 공부를 했음에도 불구하고 프랑스어를 듣고 이해하기는 너무 어려웠다. 나는 그 당시에 들리지 않더라도 영어를 공부했던 경험을 바탕으로 나에게 맞는 듣기 파일을 찾으려고 무척 애를 썼다.

아이폰에서 제공하는 팟캐스트 오디오 애플리케이션에서 프랑스어 관련 프로그램을 찾아 들었고, 매일 같이 메트로에서도 이동하면서 들었다. 처음에는 정말 하나도 들리지 않았다. 이해는 하지 못했지만 계속 듣다보니 프랑스어 발음이 좋아 계속 듣게 되었다. 그러면서 프랑스어 특유의 악센트, 발음을 접하며 내 것으로 만들 수 있는 기회를 얻었다.

언어 공부를 하며 제일 먼저 중요한 것은 '듣기'라고 생각한다. 생각해보면 아기들이 이해는 못해도 부모님은 아기들에게 계속 말을 걸고, 그 대화 속에는 매일 같이 반복하는 단어들이 숨어 있다. 부모님은 임마, 아빠를 가르치고 아기들도 제일 많이 듣는 단어이다 보니 엄마, 아빠라는 말을 어느 순간 자연스럽게 말을 뗀다. 우리 또한 외국어를 배우는 태도도 아기와 같이 들리지 않고 이해가 되지 않더라도 인내심을 가지고 꾸준히 들어야 한다고 생각한다. 동시에 꾸준히 문법과 문장 구조를 공부하고 어휘를 공부했을 때 비로소 언어에 대한 체계가 잡히고 정립되면서 들리지 않던 것들이 들리게 되고 말할 수 있게 되는 놀라운 일을 겪게 되는 것이다.

언어 정복에 대한 욕심

마지막으로 프랑스어를 공부하며 사람들을 만나고 활동적으로 생활하는 것도 중요하지만 문법, 어휘 공부는 아무리 강조해도 지나침이 없을 만큼 중요하다. 만약 당신이 이제 막 프랑스어를 시작했다면 더욱 기초 공부에 힘을 쏟아야 한다. 언어는 자연스럽게 접하며 터득하는 것도 있지만 어느 정도의 암기는 꼭 필요하다. 특히 프랑스어를 처음 공부하며 중요한 것 중에 하나인 동사변형은 정리를 해서 항상 가지고 다니며 외우는 습관을 들여야 한다. 한 번에 외우기란 쉽지 않기에 자주 보며 눈에 익히는 것이 중요하다.

나 같은 경우에는 파리에 도착한 지 몇 개월 동안은 학교 수업을 마치고 나면 파리에 있는 퐁피두 센터에 있는 공공도서관을 찾았다. 보통 파리를 여행으로 가는 사람들은 퐁피두 센터가 현대 예술 전시가 열리는 곳으로 알고 있는 경우가 많은데 파리 현지인들은 그곳을 도서관으로 많이 이용한다. 퐁피두 도서관에 입장하기 위해서 주말이나 시험 기간 때는 긴 줄을 기다려야 하는 경우도 있다. 입장하는 방법은 정문이 아닌 뒤로 돌아서 뒷문으로 들어가야 한다. 그 문이 바로 도서관과 연결된 문이다.

이 도서관의 장점은 여러 가지가 있는데 책을 대여하지는 못해도 다양한 프랑스어 원서 어학교재를 볼 수 있다. 듣기 CD가 포함된 교재는 그 자리에서 들으며 공부할 수도 있어서 나는 주로 이곳에서 문법이나 어휘들을 찾아가며 공부했다. 어학교 수업이 끝나고 시간이 될 때 항상 들려서 프랑스어 공부만 했던 기억이 있다.

내가 항상 공부할 때 가지고 다녔던 노트가 총 4권이 있었는데 간단히 소개를 해보겠다.

첫째, 학교 수업 필기 노트

둘째, 단어장

셋째, 프랑스어 표현 노트

넷째, 동사변형 노트

이렇게 4권은 어디를 가도 항상 가방에 넣고 다녔다.

내가 프랑스에서 공부했던 때를 떠올려보면 그때 혼자서 공부하는 시간과 적극적으로 현지인을 만나 대화하려는 시도는 프랑스어 실력을 늘리는 아주 중요한 요소가 되었었다. 나는 그 당시 어학교를 다니고는 있었지만 어학교 특성상 각 레벨에 맞는 커리큘럼에 따라 수업 진도가 나가고 있었기 때문에 내가 아무리 새로운 문법을 배우고 싫어도 나만을 위해서 진도를 나갈 수 없는 상황이었다. 그래서 나는 더 빨리 배워서 다양한 프랑스어를 구사하고 싶은 욕구가 커졌고 그래서 더 공부에 집중할 수 있었다. 그리고 그 당시 어학교 담당 선생님의 가르치는 방식도 마음에 들었기 때문에 당장 프랑스어가 이해되지 않더라도 더 다양한 표현과 문법들을 공부하고 싶은 마음은 꺾이지 않았다.

어학교를 다닐 때 레벨 테스트를 통해 반이 배정이 되었는데 내가 듣고 싶은 수업을 듣기 위해서라도 공부를 해야만 했다. 내가 원했던 선생님의 수업은 수업 진도 이외에 일상생활에서 사용하는 표현이나 다양한 범위에 대해 수업시간에 알려주는 것이었다. 현지인들과의 대화가 그 당시 중요한 목표였기 때문에 내게 꼭 필요한 부분이었다. 그때 만난 선생님과는 나의 프랑스 생활을 마치는 날까지 함께 함께했다. 선생님과는 동갑이기도해서 프랑스 생활을 마칠 때쯤엔 같이 파리에서 사적인 자리에서도 만나며 파리 라이프를 즐기는데 큰 도움이 되었다. 현재도 이 선생님과는 연락을 하며 지내고 파리를 갈 때마다 만난다.

지금 생각해보면 나는 프랑스어를 잘해야겠다는 마음이 우선이었고, 내게 필요한 것을 알아차렸을 때는 그것을 놓치지 않도록 노력했다. 그 이후에 나에게 잘 맞는 선생님과 매일 같이 수업을 들으며 활용한 것이 프랑스어 실력을 키우는 결정적 계기가 된 것 같다. 나에겐 보물 같은 것이 있는데 그 당시 프랑스어 수업을 들으며 필기했던 나만의 노트다. 이 노트는 앞으로 프랑스어 교육을 하고, 내 프랑스어 실력을 유지시켜 줄 나만의 보물 같은 노트다. 또한 이 노트를 바탕으로 네이버 카페와 인스타그램에서 '꼼데평세'를 운영하고 있다. 프랑스어에 대해 더 자세하게 알고 싶다면 다양한 정보를 공유하고 있으니 관심 있는 사람이라면 방문해 보는 것도 좋을 것 같다.

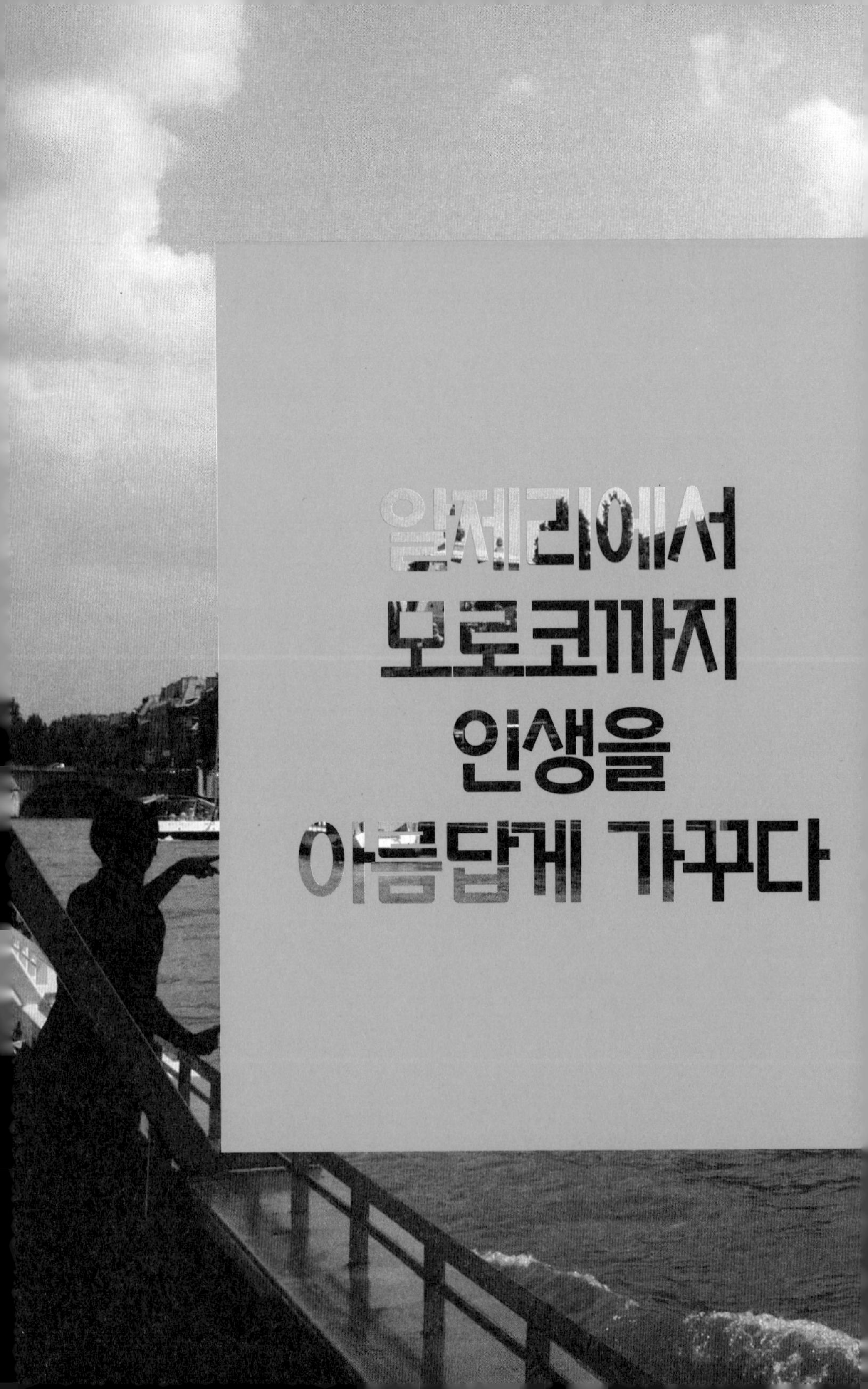

알제리에서 모로코까지 인생을 아름답게 가꾸다

F I V E

북아프리카 알제리에서 직장생활을 시작하다

프랑스인들과 자유로운 대화를 나눌 수 있게 된 것은 내 스스로의 발전이고 작은 성공이었다. 이 성공은 나의 프랑스 생활을 멋지게 마무리하며 뿌듯하게 떠날 수 있게 해주었다. 그러나 여행을 좋아하는 나는 파리에 거주하며 주변 국가인 영국, 벨기에, 네덜란드와 같은 나라만 방문했을 뿐 아쉽게도 프랑스 여행은 생각보다 많이 가지 못했었다. 프랑스인이었던 친구는 내게 "프랑스의 모든 도시는 마치 유럽을 한 나라에 축약해 놓은 듯하다."라고 말을 했는데 이 말을 듣고 보니 프랑스를 제대로 여행하지 못한 아쉬움이 무척 커졌다. 언젠가는 프랑스에 있는 도시들도 가야지 생각만 하다가 결국 여행은 못하고 한국에 귀국해야 하는 날짜가 다가온 것이다.

프랑스에서 귀국한 뒤로 최근이 되어서야 프랑스 이곳저곳을 여행할 수 있게 되었다. 몇 개의 도시를 여행하며 프랑스 친구가 말했던 것을 이해할 수 있었다. 어느 도시는 마치 이탈리아와 비슷하기도 했고 또 어떤 도시는 동유럽 느낌이 나기도 했다. 프랑스만 제대로 여행한다면 다른 유럽 국가도 크게 다르지 않겠다는 생각이 절로 들었다.

사실 유럽여행을 하면 처음에 직접 마주하는 이국적인 분위기와 건축물 때문에 입이 벌어지기도 하고 사진과 영상에서만 보던 곳에 와 있다는 것이 신기하기만 했다. 그러나 몇 국가를 다니다 보면 처음 감흥은 어디로 사라진지 모르게 기분이 무뎌지는 것을 느낀다. 그래서 누군가가 유럽여행을 하며 가장 기억나는 국가, 꼭 가봐야 하는 국가를 선택하라면 나는 프랑스, 이탈리아, 스페인 이렇게 3개국을 꼽는다. 특정 분야에 관심 있는 사람들을 제외하고는 이 3개국을 다녀온 사람은 다른 유럽 국가를 가도 건축물, 유적지를 보고 감흥이 크거나 하지는 않을 것이기 때문이다. 물론 아일랜드, 스위스와 같은 자연 경치가 뛰어난 곳은 또 다른 이야기겠지만 말이다.

나는 이탈리아를 시작으로 크로아티아를 거쳐 몇 개의 동유럽 국가를 여행한 후, 프랑스 생활을 마무리하고 한국으로 귀국했다. 귀국해야했던 이유는 아직 대학교 졸업을 하지 않은 학생 신분이었기 때문에 졸업을 목적으로 한국에 귀국한 것이었다. 나 역시 귀국 후, 취업 준비생으로 바쁘게 구직 활동을 하기 시작했다.

나는 프랑스어를 배우며 자신감이 무척 생겼다. 컴퓨터 공학과를 전공했지만 컴퓨터 프로그래머로서 직업을 찾기보다 내가 늦게나마 더 관심이 생기고 좋아하는 프랑스어를 필요로 하는 분야로 취업을 하고 싶었다. 프로그래머로서의 삶보다는 내가 좋아하는 외국어를 사용하며 일을 하고 싶었던 것이다. 물론 내가 구사할 줄 아는 외국어를 사용하는 IT 업계에 취업할 수도 있었지만 큰 관심이 생기지 않았다.

내가 좋아하는 프랑스어와 관련된 일자리를 찾다보니 프랑스어 학원 강사, 통번역, 해외 영업 이렇게 크게 3가지 분야로 나뉘어졌다. 이곳저곳 이력서를 보내고 기다렸다. 그 이후 한 건설회사와 면접을 진행했고, 직무가 해외 파견 프랑스어 통번역이기 때문에 프랑스어 실력 테스트는 빠지지 않고 진행되었다. 마침 회사 내부에 북 아프리카계 외국인 직원이 있어서 직접 프랑스어로 질문을 하였고, 프랑스어로 대답했다. 프랑스어를 좋아하고 잘할 수 있다는 것에 대해 자신 있게 나를 소개했다. 면접이 끝나고 며칠 후 회사로부터 합격 통보를 받았다.

내가 파견되는 국가는 바로 아프리카에 위치한 알제리였다. 위치는 큰 대도시가 아닌 해안 근처에 위치한 알제라는 수도에서 남쪽으로 차를 타고 7시간은 걸리는 곳에 위치한 비스크라라는 도시였다. 알제리? 비스크라? 아프리카 국가들은 잘 알지 못했기 때문에 검색을 해보며 조사를 했다. 이슬람 국가, 아프리카 날씨와 기후, 근무 환경, 숙식 해결, 해당 업무 등 생각해 봐야 하는 것들이 적지 않았다. 결국 긴 고민 끝에 나는 떠나기로 결심했다.

또 다른 국가로 떠나기로 결정하게 된 가장 큰 이유는 사실 급여였다. 해외근무 파견으로 인해 해외 근무 수당이 붙었고, 숙식이 해결

되므로 저축을 할 수 있다는 것이 큰 장점으로 느껴졌다. 그러나 근무 환경은 아프리카라는 열악한 환경이었기 때문에 생각해보면 선택하지 말아야 하는 이유도 끝이 없게 많았다. 그러나 나는 아프리카 알제리를 내가 또 언제 가보겠나 싶은 마음에 결정하는데 오래 걸리지 않았다. 알제리는 북아프리카 국가 중 가장 폐쇄적인 국가라고 할 만큼 한국인은 비자가 없이는 출입을 할 수 없는 국가다.

며칠 전 뉴스에서 대한민국 여권이 세계에서 파워가 2번째로 189개국을 무비자로 입국이 가능하다는 기사를 본 적이 있다. 그럼에도 불구하고 알제리는 189개 국에 속하지 않아 비자 없이 입국이 불가능하다는 것은 그만큼 까다로운 국가라는 뜻과 일맥상통한다.

여러 국가에 살아보고 여행도 했지만 그때는 가보지 못한 새로운 세상을 발견하고, 배우고 싶은 욕구가 있었던 것 같다. 이런 나를 보고 그 당시 내가 역마살이 꼈다고 하는 친구도 있었다. 무언가 나도 모르게 해외에서 나를 끌어당긴 것 같다. 지금 생각해보면 새로운 환경에서 적응하고 변해가고 발전하는 내 모습을 보고 싶어 하는 또 다른 내 자아가 있었던 것이라고 생각한다.

한국에 정착하지 않고 계속 떠나는 것이 습관이 되다보니 그때쯤에는 떠난다는 것에 익숙해졌던 것 같다. 그러나 막상 떠날 때가 다가오니 이상하게 떠나기가 싫은 마음도 들었다. 그냥 말 그대로 헤어짐이 싫었다. 약 4개월마다 한국으로 2주간 휴가를 오긴 하지만 내게는 편한 고국, 가족, 친구를 떠난다는 것은 어떻게 보면 슬픈 일이었다. 사실 프랑스에 있을 때, 해외에 자주 나가다보니 가족과 시간을 많이 보내지 못한 게 아쉬워 가족과 함께 보내는 시간을 많이 만들어야겠다는 생각을 했다. 그러나 또 떠나게 된 것이다. 인생은 정말 생각처럼 되는 게 없고, 한 치 앞도 내다볼 수 없다는 것을 깨달았다.

이미 지나간 과거지만 내 선택에 후회는 없다. 그러나 후회라기보다 만약 내가 다른 선택을 했더라면 어땠을까 하는 생각을 하기는 한다. 그러나 알제리가 아닌 다른 선택을 했을 경우에도 다른 경험을 하지 못한 것에 대한 아쉬운 마음은 남았을 것이다. 그리고 또 다른 나라의 생활은 나에게 도전으로 다가왔기 때문에 다른 선택을 했다면 도전하지 않은 것에 대한 후회도 컸을 것이다. 그리고 그때까지 나는 젊다고 생각했기 때문에 새로운 것을 도전해 보자는 생각을 했다. 그리고 마음 한편에는 '정 아니면 돌아오자'라는 생각과 함께 떠났다.

나는 아프리카 공기를 마시며 그 땅을 밟고 있었다. 알제리의 삶이 시작된 것이다. 처음 도착한 순간 한쪽에서는 프랑스어가 들리면서 또 다른 한쪽에서는 알아듣지 못할 아랍어가 들리기 시작했다. 아시아인이 많이 눈에 띄지 않는 나라기는 하지만 단체로 이동하는 아시아인들이 공항에 몰려 있었는데 중국인들이었다. 역시 중국인들은 어디를 가나 인구 파워가 강함을 느낀다. 알고 보니 알제리 대부분의 도로 공사는 중국 업체가 수주해서 작업을 했다고 한다. 그 이후로도 아시아인을 발견하면 대부분 중국인이었다. 그래도 감사한 것은 알제리인들에게 항상 둘러싸여 있다가 같은 아시아계 인종이라는 이유 하나로 나도 모르게 동정심이 느껴지기도 했다.

도착한 날짜는 12월이었는데 아프리카는 항상 더울 것이라는 예상과는 달리 추웠다. 한국에서 느끼는 추위보다는 덜해도 아침과 저녁엔 꽤 쌀쌀한 날씨였다.

아직도 기억이 나는 것은 처음 알제리에 도착했을 때 시간이 저녁 6시가 넘은 시간이었고, 그들의 시선, 옷차림새, 생김새, 공항 분위기는 낯설게만 느껴졌다. 알제리 현지인이 공항에서 나를 마중 나와 있었고 그가 나를 데리고 차로 운전을 해서 비스크라라는 지역까지 이동을 했다. 저녁시간이라 잘 보이지는 않았지만 비스크라가 위치한 남쪽 지방으로 가면 갈수록 주변 분위기나 건물들은 마치 우리나라 1960~1970년대를 보는 것처럼 허름했다. 제대로 지어지지 않고 지붕이 없는 건물들이 난무했다. 너무 낯선 나머지 약간의 두려움도 생겼던 것 같다. 이렇게 새로운 땅 북아프리카 알제리에서의 삶이 시작되었다.

알제리 건설 현장에서 한국인과 현지인들을 이어주는 통역을 담당하다

알제리는 《이방인》이라는 소설의 작가 알베르 카뮈가 태어난 곳이기도 하다. 그리고 소설 속의 배경 또한 알제리의 수도 '알제'다. 알제리는 1830년 시작으로 프랑스 식민지 국가로써 역사적으로 현재까지 프랑스와 복잡한 관계가 얽혀 있는 나라다. 공용어는 아랍어이고 상용어, 공식 문서는 프랑스어가 쓰인다. 즉, 프랑스어로도 의사소통이 가능하다는 뜻이다. 일본의 식민지였던 우리나라는 현재 일본어를 사용하지 않는 것과는 대조적이다. 역사적으로 식민지 관계가 다름을 알 수 있다. 역사적으로 많은 이유가 있지만 한 가지 이유는 132년이라는 긴 기간 동안 알제리는 프랑스의 식민지였다.

알제리는 지금까지 갔던 나라와 가장 달랐던 점은 목적이 여행이 아니라 일을 하러 국내 본사에서 파견을 갔다는 점이었다. 도시 시내 생활을 하는 것이 아닌 건설 프로젝트 현장에 딸린 캠프 생활을 해야 했기 때문에 공항에서 바로 현장으로 이동했다. 7시간이 넘는 거리를 차로 이동하니 몸이 너무 피곤했다. 조금만 더 남쪽으로 이동하면 모로코에도 걸쳐 있는 사하라 사막이 나오는 곳에 위치해 있었다. 알제리 현지인들 말로는 조금 더 내려가면 위험하다고 한다. 한창 그때 알제리에서 IS 무장단체의 테러가 일어났던 시기라 모두들 조심하던 시기였다. 그 이유로 한국인들은 시내에서 자유롭게 생활을 하며 현장으로 출퇴근을 할 수 없었고, 현장 내에 설치된 캠프에서 지내야 했다. 참고로 캠프 내부에는 간이침대와 화장실이 딸려 있었다. 정부와 프로젝트 발주처 입장에서는 한국인을 보호하려는 이유였지만 반강제적으로 갇혀서 지내야 하는 상황이었던 것이다. 휴가나 출장 시에는 먼저 발주처에 보고를 하고 승인이 나야 가능했고, '경담으히Gendarmerie'라고 하는 알제리 현지 경찰 헌병대의 에스코트하에 외부에 출입할 수 있었다. 동시에 나는 왜 이 나라가 폐쇄적일 수밖에 없는지 이해할 수 있었다.

현장에 도착하니 한국인들이 보이기 시작했고, 낯선 환경에서 한국인들을 보니 반가운 마음이 먼저 들었다. 그렇게 나는 아프리카 땅에서 첫 직장 생활이 시작되었다. 자기소개를 시작으로 직원들과 인사를 했다. 건설 회사라는 것을 알고 왔지만 남자들만 있는 삭막한 분위기가 마치 군대에 다시 입대한 기분이 들었다. 또한 자기소개를 하는데 현장 소장은 프랑스어 통번역으로 왔다는 것은 잊으라며 다른 일도 도맡아서 해야 한다는 말을 했고, 주변에서는 "고생하겠네."라는 말들이 들려왔다. 나는 무언가 잘못됐다는 것을 느낄 수 있었다.

프로젝트 현장에 온 지 며칠이 지나고 일을 마치고 캠프에 들어가 쉬는데, 갑자기 머릿속에서 '괜히 왔나, 다시 한국에 돌아가야 하나?'라는 생각이 들었다. 내가 좋아하는 프랑스어를 사용하고, 경험해보지 못한 나라에 와서 생활한다는 것 자체에는 큰 장점이 있었지만 근무환경이나 생활환경은 생각보다 좋지 않았다.

일주일 중 일요일 하루를 빼고 주 6일 동안은 일을 해야 했고, 일주일에 쉬는 하루도 외부로 나가지 못하고 밀린 빨래를 하거나 방에서 쉬는 것밖에 특별히 할 수 있는 것이 없었다. 나의 생활 반경은 숙소, 사무실, 프로젝트 공사 현장, 식당이 전부였다. 그리고 모든 직원들이 4개월 후에 있을 휴가를 기다리는데, 마치 군대 휴가를 기다리는 것과 다를 것이 없어 보였다. 나는 이런 환경에 힘들더라도 '일단 4개월 후인 첫 휴가까지만이라도 버텨보자'라는 생각을 했다. 결정한 것은 나인데 이렇게 경험도 안 해보고 그냥 돌아가는 것은 포기라고 생각했기 때문이다.

나는 일주일에 주말만 기다리며 시간을 보냈고, 생각보다 시간은 잘 흘러갔다. 본격적으로 일을 배우기 시작했다. 나의 업무는 프랑스어 통번역은 기본이었고, 그 이외에 다른 업무도 주어졌다. 먼저 현장 관리 업무도 병행했는데 나중에는 자재 업무와 심지어 건설업에 경험도 없는 내가 한국에 귀국하기 전에는 품질 업무까지 했다. 현장 특성상 다양한 업무를 봐야 했다. 뜨거운 햇볕에 나가 힘을 쓰는 일도 인원이 필요하면 같이 해야 했고, 공사 기간이 최대한 지연되지 않도록 새벽까지 현장에 나가 같이 힘을 쓰기도 했다. 통번역 직무로 취업한 나는 사실 속으로 불만이 생기지 않을 수가 없었지만 다른 방법은 없었다. 그렇다고 내가 직접 현장에 나가 공사 업무를 보지는 않았지만 그것을 제외하고는 거의 모든 것을 해야 했다. 그러나 지금 생각해 보면 좋은 경험이었다. 해외 프로젝트 현장이 어떻게 진행되는지 다양한 업무를 보며 배울 수 있었던 기회가 되었기 때문이다.

나의 주된 업무는 프랑스어 통번역이었고, 다양한 프로젝트 자료를 번역하며 한국인들과 현지인들 사이의 의사소통을 담당했다. 내가 자신 있고 좋아하는 프랑스어를 사용하는 일은 뿌듯함과 책임감이 동시에 느껴지기도 했다. 통번역을 따로 배운 게 아니라 스스로 느끼며 배우며 성장해야 했다. 의사소통이 어려운 상황에 나로 인해 문제가 해결이 되는 것을 볼 때는 뿌듯했고, 한편으로는 통역을 제대로 하지 않을 경우에 의견이 제대로 전달되지 않아 문제가 발생할 수도 있다는 것을 생각하면 어깨가 무겁게 느껴지기도 했다. 그래도 나는 성격상 앉아서 번역을 하는 것보단 사람들과 직접 만나며 통역을 하는 업무가 재미있게 느껴졌다.

나는 알제리가 프랑스어를 사용하는 국가라고 해서 대부분의 사람들이 프랑스어를 사용할 것이라고 생각했으나 착각이었다. 내가 알제리에 도착해서 이동한 비스크라라는 작은 시골 도시는 달랐다. 그들 대부분은 프랑스어를 하지 못했고 오직 그 나라 공식어인 아랍어만 구사할 줄 알았다. 단지 정규 교육을 받고 자라 대학을 나온 사람들만 프랑스어로 의사소통이 가능했다. 즉, 알제리 현지인에 따라 내가 프랑스어를 사용해서 통역을 할 수 있는 경우도 있었지만, 불가능한 경우도 있었다. 그럴 땐 프랑스어를 하는 현지인 직원을 통해 현지인끼리는 아랍어로 대화한 후 최종적으로 나에게 전달되어 두 번에 걸쳐서 의사소통을 해야 하는 경우도 있었다. 또한 대학을 나온 사람 모두 프랑스어를 구사할 줄 아는 게 아니고, 그들 중에는 듣기만 가능하고 영어에 더 능숙한 사람들도 있었다. 그래서 동시에 일을 하며 나는 프랑스어, 영어, 한국어를 사용해야 했다.

통번역을 하며 가장 어려웠던 점은 내가 프랑스에서 프랑스어를 공부하긴 했지만, 건설 용어는 배운 적이 없고 경험도 없어서 그들이 하는 말을 이해하고 대화를 전달하려면 새로 배워야만했다. 문제는 한국어로도 내가 모르는 건설 용어가 많다는 것이었다. 공부할 수밖에 없었다. 한국어 건설 용어부터 시작해서 영어, 프랑스어 용어를 공부했고, 나중에는 직접 현장에 나가기도 하며 눈으로 익혔다. 통번역이더라도 모르는 분야에 대해서는 또 다른 학습의 시간이 필요했던 것이다. 즉, 다양한 분야를 경험해보는 것이 중요한 셈이었다.

일이 끝나거나 주말 중 하루를 쉴 때는 주로 내 방에서 시간을 보냈는데 인터넷도 되지 않아 어려움을 많이 겪었다. 그럼에도 나는 시간을 그냥 보낼 수 없어 영화를 보거나, 책을 읽으며 무언가를 하려고 노력했다. 다행히도 숙소 옆에는 직원 식당이 있었는데 주방장이 한국인이라 한국 음식을 먹을 수 있었다. 한국의 맛과는 조금 달랐지만 밥을 먹을 수 있다는 것만으로 만족했다. 과일은 매일 제공되어 사과, 수박, 바나나, 오렌지와 같은 과일은 계절에 따라 매일 먹을 수 있어 건강을 챙길 수 있었다.

이곳의 생활이 마냥 편하고 좋지만은 않았지만 견딜 만은 했다. 사람은 적응의 동물이라는 말이 떠오른다. 나는 지금까지 내가 지내온 삶을 처음이야 어렵지 하루하루 지내다 보면 새로운 환경에서 어느덧 익숙해지게 된다.

괴테는 '고통이 남기고 간 것을 맛보라. 고난도 지나고 보면 감미롭다'라는 말을 남겼다. 이 글귀는 군대 경험과 알제리에서의 경험을 생각할 때면 깊이 공감이 된다. 다 지나고 보면 한순간이었고 나에겐 추억으로 남아 있음을 느낀다. 가끔 고비가 찾아오기도 했다. 비스크라는 사하라 사막과 가까운 곳에 위치해 있는데, 종종 바람이 거세게 불때가 있었다. 바람만 부는 것이 아니라 사하라 모래를 같이 이끌고 오는 바람에 하늘이 노랗게 변하기도 했다. 이때는 외부활동을 하기도 어려운데 문제는 캠프 내부에 모래바람이 침투해 일과를 마치고 들어가면 바닥과 침대 위에는 모래가 쌓였다. 나중에 알제리를 떠나고 사우디아라비아에 파견이 되어 잠깐 일을 하기도 했는데 그때는 알제리보다 모래바람이 더 심해 곤혹을 치렀던 경험이 있다. 그리하여 사우디에서는 모래바람을 모래 태풍이라고 부르곤 했다. 또 다른 점은 여름에는 살인적인 더위가 찾아왔는데, 50도가 넘는 온도를 느끼며 숨을 쉬기조차 어려운 경험도 했다.

일하면서 가장 좋았던 점은 바로 휴가 가는 날이었다. 마치 군대에서 휴가 가는 날만을 손꼽아 기다린 것처럼 2주간의 한국에서의 휴가는 정말 군대 휴가보다 더 좋을 만큼 행복했다. 자유로운 시간이 너무 좋았고 보상심리로 인해 그동안 고생했던 나에게 소비도 했던 시기였다. 그러나 좋은 시간은 항상 빨리 지나가기 마련이고, 알제리 현장의 복귀 시간은 금방 다가왔다. 한국을 떠나야 했는데 이때의 기분은 군대 휴가 복귀보다 더 싫다고 할 수 있는 정도였고, 무엇보다 떠난다는 기분이 참 싫었다. 한국에서의 자유로운 시간이 행복했던 것은 그만큼 자유롭지 않은 생활을 했기에 한국의 시간이 더 값지게 느껴졌던 것이었다.

인생이란 항상 좋을 수도 없고, 나쁠 수도 없다. 나는 많은 경험을 통해 힘들고 어려울 때는 어차피 그 순간이 계속 이어지지 않고 행복한 순간이 올 것을 알기에 그 시간을 인정하기 시작했다. 그리고 그 순간을 벗어나려고 발버둥치기보다 편안한 마음을 가지려고 노력했다. 여러분도 만약 지금 인생의 힘든 순간을 지나고 있다면 곧 해 뜨는 날이 올 것이다. 그러니 인생이란 원래 그러려니 하는 마음가짐을 갖는다면 좀 더 마음이 편안해지지 않을까 싶다. 힘든 순간도 지나고 나면 웃을 수 있는 날이 분명 올 것이다.

카사블랑카의 나라 모로코로 다시 출발하다

첫발을 내디딘 아프리카 알제리에서의 생활은 적응하는 데까지 시간이 꽤 걸렸고 그곳에서의 조직생활도 쉬운 일이 아니었다. 그러나 어느새 2년이라는 시간이 흘렀고 이때쯤 나는 몸과 마음이 많이 지쳐 있음을 느끼게 되었다. 사실 알제리에서 일을 할 때 비행기를 타고 왕복으로 이동하며 휴가, 복귀를 수차례 반복하다 보니 한국에 정착하고 싶은 마음도 들었다. 이때부터 나는 개인적으로 무언가를 해나가야겠다고 생각을 했다. 회사에만 목을 매달고 개인적인 발전이 없으면 안 되겠다는 생각을 했고, 새로운 것을 해내고 싶었다.

알제리에서 근무를 마치고 한국을 돌아왔을 때 나를 깨워줄 무언가가 필요했고, 가보지 않은 땅을 가보고 싶은 마음이 들었다. 바로 그때 내가 갔던 곳이 미국 뉴욕과 보스턴이었고, 여행만 하며 시간을 보내긴 아쉬워 하버드 대학교 인터뷰 프로젝트라는 것을 계획하고 떠났다. 하버드 대학교에 가서 하버드 대학생들을 상대로 인생에 대한 전반적인 질문을 했다. 무엇보다 생각만 했던 것을 직접 실천해서 이뤄냈다는 것에 큰 의미를 두고 있다. 그 후 나는 새롭게 온라인에서 프랑스어 번역 업무도 시작했고, 프랑스어를 배울 때 온라인이나 교재 자료가 많이 부족해 어려웠던 그때가 떠올라 내 개인 블로그에 프랑스어 기초 문법, 표현에 대한 설명과 함께 직접 녹음도 해서 올렸다. 그러던 찰나에 모로코 현장 프랑스어 통번역을 구한다는 공지를 인터넷 구직 사이트에서 확인했고 고민 끝에 지원했다.

다시는 북아프리카에 갈일이 없을 거라던 생각과는 달리 지원을 한 것이다. 그 이유는 모로코라는 나라는 한국인도 관광으로 많이 갈 정도로 매력적인 나라인 것과 연봉 또한 더 높여서 갈 수 있었다. 또한 내가 시작한 프랑스어 블로그 포스팅을 일을 하지 않을 때 같이 하며 병행할 수 있을 것 같았다. '그래, 마지막으로 한 번 더 떠나는 거야'라는 생각을 했고, 블로그를 하며 프랑스어 교육에 대해 생각하고 사람들의 반응도 살펴보고 싶었다. 그렇게 면접을 치렀고 합격을 해서 떠나게 되었다.

모로코 수도는 잘 모르는 사람도 있을 것이다. '카사블랑카'라는 단어를 어디선가 들어봤을 것이다. 그렇다. 옛날 영화 중에 〈카사블랑카〉라는 영화도 있고, 노래도 '카사블랑카'가 있다. 카사블랑카는 모로코 제 1의 항구도시이자 상공업의 중심지이다. 수도는 카사블랑카가 아닌 카사블랑카에서 멀지않은 라바트라는 도시다. 도시 크기로 볼 때는 카사블랑카가 더 크고, 상공업의 중심지이기 때문에 출장으로도 많이 갔던 도시다. 모로코 또한 알제리와 동일하게 한때 프랑스 식민지였기에 프랑스어를 상용어로 사용한다. 우리나라에서 영어가 제 1외국어라면 모로코는 바로 프랑스어가 제 1외국어인 셈이다.

그 나라 언어를 할 줄 아는 곳에 산다는 것은 참 여러모로 이득이 많다. 말을 하지 못하면 바보가 되는 것 같은 기분이 들기 때문이다. 그래서 나는 영어는 기본이고, 제2외국어는 필수로 하나씩은 해두면 좋을 것 같다고 생각한다. 적어도 여행을 좋아하는 사람이라면 말이다. 언어를 한 개 더 함으로써 느끼는 기분은 느끼지 않으면 알 수 없고 자존감 또한 올라가는 것을 경험할 수 있다.

모로코에서 내가 머물며 일하게 된 곳은 다행히도 차로 3시간 정도의 거리에 위치한 '사피'라는 해안 도시였다. 바로 바다가 근접한 동네였다. 큰 대도시는 아니었지만 알제리보다 더 나은 생활을 할 수 있을 것 같았고 무엇보다 외국인에게 알제리에 비해 더 개방적인 국가였기 때문이었다. 캠프생활이 아닌 도시생활을 할 수 있었는데 불편한 것은 단지 30분 이상 차를 타고 출퇴근을 해야 한다는 것이었다. 그러나 답답한 생활을 했던 알제리에 비하면 그 정도는 감수할 수 있었다. 물론 쉬는 날이 한 달에 3~4번으로 적었지만 쉴 때는 주변 도시 여행도 가능했다. 활동적으로 새로운 곳을 발견하는 것을 좋아하는 나에게 모로코의 도시들은 안성맞춤이었다. 모로코는 관광객들도 많이 방문하는 나라답게 볼거리, 음식, 엑티비티 등 다양한 즐거움이 있었다.

알제리에서는 바로 숙소가 있는 현장에 도착했다면 이번에는 사피라는 도시에 처음 도착했다. 알제리와 동일하게 현지인 운전기사가 나를 공항에서 반겨주었다. 프랑스어가 가능했기 때문에 숙소에 오면서 대화를 나눌 수 있었다. 그렇게 나는 숙소에 도착했고 몇 명의 한국 직원들과 인사를 하고 바로 내 방으로 이동했다. 그 당시 우리는 빌라 (대다수의 한국인 직원들의 숙소, 회식 장소)와 아파트 (각방이 딸린 3~4인 숙소)로 나뉘어졌는데 내가 머문 곳은 아파트였다. 숙소에 도착하니 내 또래의 직원들이 있었다. 사실 알제리에 있을 때는 대부분 나이대가 있는 분들이어서 공감대가 잘 맞지 않아 터놓고 말할 사람이 없었다. 그러나 모로코 현장은 젊은 직원들이 많아서 좋았다. 그렇게 알제리 때와는 더 기대가 되는 모로코 생활이 시작되었다.

모로코 현장은 해안가와 마주해 있었다. 우리 회사는 방파제 공사를 맡았고, 현장 근무를 맡은 공사팀 직원들은 항상 해안 바로 앞인 현장에 나가야 했다. 알제리도 동일하지만 한국인은 주로 현장에서 직접 일을 하기보다는 현지인 노동자들을 관리하는 게 주된 업무였다. 업무를 할당하고 지시하는 것이 대부분이었다. 그래서 한국에서 공사 현장에서 직접 일을 하는 분들도 해외에 나오게 되면 직접하는 것이 아니라 현지인들을 관리하며 업무를 진행하는 경우가 대부분이다. 나 같은 경우는 직무가 통번역이기 때문에 주로 사무실에서 번역을 했지만 현장 통역 및 장비나 자재 거래처들과의 계약, 발주처 미팅 등 현지인과 의사소통이 필요한 모든 순간에 통역을 맡아서 진행했다. 또한 현장에 투입되기 전에는 알지 못했지만 발주처는 포르투갈인으로서 프랑스어가 아닌 영어로 서로 의사소통을 했기에 프랑스어뿐만 아니라 영어도 사용해야 했다.

프랑스어 통번역 업무는 알제리에서도 해왔기에 바로 적응하는 것에는 문제가 없었다. 통번역으로 일을 하며 내가 한국인과 모로코인 사이의 의사소통을 담당해서 문제가 발생했을 때 해결이 되는 것을 경험할 때는 뿌듯한 마음이 들기도 하였고, 내가 하는 업무에 대한 자부심도 느낄 수 있었다. 물론 어려웠던 점도 있었는데 알제리 때와는 또 다른 종류의 프로젝트고, 프로젝트 전체 공정에서 시공 파트가 달랐기 때문에 그 파트에 맞는 건설 용어와 어휘를 공부해야 했다. 그래야 프로젝트 진행 상황을 이해할 수 있었고 프랑스어로 의사소통이 가능했다.

통번역 업무를 하며 느낀 것은 프랑스어도 당연히 중요하지만 더 중요하다고 느껴진 것은 한국어였다. 프랑스어를 한국어로 번역을 할 때, 한국어 표현이나 어휘를 풍부하게 알아야 전달할 수 있고 문체에 따라 더 자연스럽게 번역할 수 있겠구나 느꼈다. 통역을 할 때 중요했던 것은 나는 한국인과 모로코인 양쪽의 중간 입장에서 서로의 말을 한국어와 프랑스어로 양측에 전달하는 입장이었지만, 팔은 안으로 굽는다고 한국인 입장에서 생각만 해서 내 생각을 말할 때가 있었다. 말 한마디에 따라 의사결정이 달라지고 문제가 생길 수 있었기 때문에 무게감이 느껴지는 업무라는 것을 다시 깨닫기도 했다.

사실 알제리에서 여러 가지 고생을 했기 때문에 모로코에서의 생활은 어렵지 않았다. 힘들어도 쉬는 날, 자유롭게 다른 도시를 여행하며 시간을 보낼 수 있다는 것은 내겐 너무 큰 장점이었다. 또한 서울 도심에서 자라나 도시에서 학창시절을 보낸 나는 바다를 매일 보며 일하고 쉴 때도 바다가 있는 도시를 여행할 수 있다는 것은 큰 만족감을 주었다. 그러나 항상 무엇이든지 장점만 있을 수는 없듯이 단점도 있었다. 알제리 때는 휴가를 4개월에 한 번 꼴로 한국으로 갔다면 이번에는 6개월이 돼야 휴가가 주어졌기 때문에 더 오랜 시간 동안 휴가 없이 일을 해야 했다.

모로코에 머무르며 다양한 도시를 여행했는데 그중 사피Safi에서 가까운 '에사우이라Essaouria'라고 하는 사피에서 남쪽으로 차를 타고 2시간 정도 떨어져 있는 해안 도시와 사하라 사막을 가기 위한 초입인 마라케시를 자주 갔다. 나는 여행을 하면 그 나라의 전통적인 문화를 직접 체험해 보고 느끼는 것을 좋아하는데 모로코식 마사지를 받고 사우나를 즐기고, 리야드라고 하는 전통 숙소에서 하루 자고 아침에 일어나 모로코식 아침을 먹는 것을 좋아했다. 아랍어로 '음슴믄msmen'이라고 불리는 한국의 빈대떡이 생각나는 것과 모로코 민트티 이 두 가지 조합으로 아침을 먹곤 했는데 음슴믄에 치즈와 같이 먹으면 너무 맛있어서 지금도 생각난다.

나는 음식을 크게 가리고 먹지 않아서 그런지 모르지만 모로코의 음식은 한국인에게 잘 맞는다고 생각한다. 특히 양고기가 우리에게 귀한 음식으로 여겨지지만 모로코는 양고기를 쉽게 찾을 수 있고, 가격 또한 저렴하다. 알제리와 동일하게 모로코도 이슬람 국가이기 때문에 돼지고기는 시중에 판매하지 않는다. 돼지고기를 제외한 양고기, 소고기, 닭고기는 쉽게 발견 할 수 있는데, 쿠스쿠스, 타진이 대표적인 음식이다. 한국에서는 가격이 조금 비싸긴 하지만 이태원 같은 곳을 가면 맛볼 수 있다.

가장 아쉬운 것은 2박 3일이 필요한 사막투어는 시간이 되지 않아 사막을 가보지 못한 것이었다. 모로코를 여행하는 사람에게 사하라 사막은 필수 코스임에도 가지 못한 것이다. 그래도 에사우이라 해안가 바다에서 낙타도 타 보며 한국에서는 쉽게 하지 못하는 것들을 즐겨서 만족했다.

북아프리카 두 나라에서 이슬람 문화를 배우다

알제리, 모로코 두 나라에서 나는 3년에 가까운 시간을 보냈다. 누군가는 살면서 아프리카라는 땅을 한 번도 밟아보지 못하는 사람들도 있을 텐데, 아프리카에서 적지 않은 시간을 보낸 것이다. 사실 내가 머물렀던 북아프리카는 아프리카 여러 국가들 중 선진국에 속하고 잘사는 편이다. 그러나 내가 살았던 알제리의 비스크라, 모로코의 사피라는 도시들은 우리나라 1960~1970년대 모습을 띠고 있었고 형편이 좋아 보이지 않았다. 그래서 현지인들에게 내가 일했던 대형 플랜트 프로젝트는 더할 나위 없이 좋은 근무 환경이었다. 사무실에서 같이 일했던 현지인들에게는 한국 회사가 외국계 기업이었기 때문에 경쟁률이 있어도 커리어 쌓기에는 최고였다. 이러한 경험을 하며 일자리와 관련해서는 어디를 가나 똑같구나 생각하였다. 그들에게도 특별한 경력이 필요했던 것이다.

모로코에 도착 후 몇 주가 흐르고 내가 모로코에 와 있다는 사실을 새삼 깨달았을 때는 그 상황이 재미있어서 혼자 웃었던 기억이 있다. 동시에 인생은 한치 앞을 내다 볼 수 없다는 것을 느꼈고, 이 변화가 재미있게도 느껴졌다. 물론 나와는 반대로 안정적이고 변화를 싫어하는 사람들도 있을 것이지만 어느 것이 맞고 틀린 것은 아니기 때문에 자신이 선택한 삶을 충실히 즐기면 된다고 생각한다. 어떤 지인은 나에게 용기가 대단하다고 말을 하면서 나와 같은 자유로운 삶을 살고 싶다고 말했다. 사실 이런 이야기를 들으면 힘이 생긴다. 내가 선택한 삶이 누군가는 경험해보지 못한 삶이기에 부러울 수도 있겠다는 생각이 드니 말이다.

다양한 나라를 다니며 살기도 하면서 느낀 것은 어디를 가나 정신만 제대로 차리면 굶어 죽지 않는다는 것이다. 인생은 누구나 한 번뿐인데 그 인생을 여행이라고 생각하면 좋을 것 같다. 예전에 어떤 책에서 우리가 아는 것은 1% 정도밖에 되지 않는다는 말을 본 적이 있다. 즉, 세상에 일어나고 있는 99%는 우리가 알지 못하는 것이다. 모르는 것을 배우며 깨닫는 것, 가보지 않았던 곳을 가보는 것, 말 한마디 제대로 못했던 외국어를 할 수 있다는 것, 이런 경험은 겪어본 사람들만 그 기쁨을 알 수 있다. 세상엔 모르는 것 천지인데 이런 도전과 경험 없이 이 삶을 보낸다는 것은 무척 아쉬운 인생일 것이라는 생각이 든다.

알제리, 모로코 두 나라는 아프리카 북쪽에 동일하게 위치하고 있지만 두 나라의 관계는 참 말이 많은 나라다. 두 나라 모두 프랑스 식민지로 동일하지만 두 나라의 사이는 그리 좋지는 않기 때문이다. 왜 문제가 있는지는 몇 문장으로 설명하기는 어렵고 현지인들 또한 간단하게 설명하기 어렵다고 한다. 그러나 한 단어로 축약해보면 크게 '서사하라 분쟁' 문제라고 한다. 하지만 서로 실제로 만나면 같은 아랍인이라 사이좋게 지내는 모습을 볼 수 있다.

한 번은 모로코에 거주할 때, 프랑스로 출장을 갔다 오며 돌아오는 길에 공항에서 출국 소속을 하기 위해 줄을 기다리고 있었다. 내 바로 뒤에는 알제리 출신 초등학교 5~6학년쯤으로 보이는 남자아이들 둘이 부모님과 함께 있었는데 서로 긴 시간을 기다려야 했기 때문에 어쩌다 함께 대화를 하게 되었다.

내가 모로코에 간다고 하니 부모는 내가 부럽다는 말을 했다. 알제리 경험을 먼저 했던 나는 왜 그들이 부러워하는지 바로 느낄 수 있었다. 관광 쪽으로는 발전하지 못한 나라라서 관광을 할 수 있다고 하더라도(일반 관광 비자로는 입국이 불가능하다.) 특별히 매력적인 관광지는 없다는 것이다. 알제리도 그 나라 특유의 역사, 유적지가 있어서 잘 관리가 이뤄졌다면 좋았을 텐데 아쉬운 마음이 들기도 한다. 반면에 모로코는 우리나라를 포함해 다양한 국가에서 관광을 목적으로 찾는 나라여서 너무 외진 시골 지역만 아니면 여행 중인 외국인들을 쉽게 발견할 수 있다.

두 나라 모두 아프리카에 위치하고 있지만 아랍 국가로서 국교가 이슬람교다. 실제로 두 나라 모두 시내를 돌아다니며 십자가가 있는 성당이나 교회를 발견한 적이 없다. 언어는 아랍 국가이므로 아랍어를 사용하는데, 두 나라 모두 중동 지역에 위치한 사우디나 두바이 쪽에서 사용하는 정통 아랍어와는 차이가 있다.

나는 외국어에 기본적인 관심이 있기 때문에 알제리에서 일하며 아랍어를 배우려고 현지인 직원에게 물어본 적이 있는데 배워도 사실 중동지역 국가에 가면 사용할 수 없다는 얘기를 들었다. 그냥 사투리 정도가 아니라 아예 단어 표기와 발음이 달랐다. 그래서 정통으로 배운다 해도 알제리에서는 일상생활을 하며 사용할 수가 없다는 것이었다. 알제리식 아랍어를 배운다 하더라도 알제리에서만 의사소통이 가능한 언어이기 때문에 배움을 멈췄던 기억이 있다. 그러나 그들과 좀 더 수월한 의사소통을 위해 간단한 표현들은 익히며 생활을 했다. 흥미로웠던 점은 내가 알제리에서 배웠던 표현을 그대로 모로코에 가서 사용해보니 단어, 표현에 따라 모로코인들이 이해하는 것도 있었고, 처음 듣는 것처럼 반응하는 경우도 있었다. 이러한 두 나라의 특징이 흥미로웠다. 두 나라 모두 프랑스어를 사용하는 국가지만 프랑스어의 사용 빈도수도 다르고 사용하는 프랑스어의 표현들도 달랐다.

한국인은 현지인들에게 업무를 지시하고 현지인들이 일을 주로 하는 입장이었기 때문에 의사소통이 매우 중요했다. 그러나 사소한 것까지 통역을 할 수 없기 때문에 한국인들은 한국어와 아랍어 그리고 영어까지 섞어 그들이 알아듣기 쉽도록 작업용 언어를 만들기도 했다. 들어보면 영어도 아닌 것이 한국어와 아랍어가 섞이기도 해서 처음에는 당황한 기억이 난다. 그러나 나 또한 언어를 제대로 구사할 줄 모르는 현지인들과 대화를 하기 위해서는 먼저 프로젝트를 진행하던 회사 선임들이 먼저 정해놓은 새로운 언어 체계에 맞춰야만 했다. 그래서 내 영어 실력이 나빠지는 것은 아닌가 걱정을 했는데 기우였다.

현지인들에게 제대로 된 영어 문장으로 말하기보다는 한국식 영어로 이야기하는 것이 더 이해가 빨랐다. 아마 그들에게도 영어가 외국어였기 때문에 한국식 영어가 통하는 것 같았다. 예를 들면 "와라. 먹어라!" 같은 말을 영어로는 "come and eat."을 쓰지만 한국 사람들은 "coming! eating!"이라고 이야기했다. 그런데 재미있는 것은 한국식 영어를 오히려 더 잘 알아듣는 것이었다.

그들은 서로를 형제라고 부르는데 종교가 이슬람교이기 때문에 신을 제외한 모든 인간은 서로 다 같은 형제라고 생각하는 것이다. 그래서 나를 내 형제라고 부르는 현지인들도 꽤 있었다. 모르는 사람인 경우에도 내 친구라고 친근하게 다가오는 경우도 많았다. 이슬람교에 큰 관심이 없었던 나는 두 나라에 거주하며 이슬람교에서 중요시여기는 '라마단'이라는 것을 간접적으로 체험하기도 하였다.

매년 6월이 되면 한 달간 해가 떠 있는 동안 금식을 해야만 했는데 그래서 업무 시간도 변경이 돼서 저녁 늦게 업무를 시작해서 새벽에 끝나는 경우도 있었다. 물론 한국인들은 예외로 이 기간에는 음식을 먹었지만 그렇다고 현지인들 앞에서 대 놓고 먹을 수는 없었다. 알제리에 있을 때는 이 기간에 수도 알제로 출장을 간 적이 있었는데 해가 떠있는 오후 시간대에 모든 식당들이 영업을 하지 않아 점심을 굶기도 하며 간접적으로 라마단을 경험하기도 했다.

이슬람교인들에게 또 중요한 것은 '하람'과 '할랄'을 구분하는 것인데, 하람은 이슬람 종교인들에게 금기시 되는 것이고 할랄은 가능한 행동 모든 것을 포함한다. 한국인은 술 소비가 많은 국가 중 하나이다. '치맥', '혼술'이라는 말까지 생긴 것을 보면 우리나라 사람들의 술 소비량은 세계 어디를 가도 뒤쳐지지 않을 것이다. 그런 한국인들이 술 마시는 행위가 하람에 속하는 이슬람 국가에 살기엔 불편할 수도 있겠다는 생각을 했다.

알제리와 모로코를 비교해보면 알제리가 더 폐쇄적인 국가답게 술을 판매하는 곳은 극히 드물었다. 판매를 해도 외국인이 있는 수도의 대형 호텔들을 제외하고는 발견하기는 쉽지 않았고, 뒤에서 거래되는 흔히 말하는 '블랙마켓'에서 거래가 되었다. 그러나 알제리와 반대로 모로코는 비교적 외국인 관광객도 많이 드나드는 국가로 눈에 띄는 곳에서도 술을 구하기 쉬웠다. 현지인들도 구매하는 경우도 있었고, 내가 머물던 '사피'라는 도시도 관광객이 덜 찾는 좀 외진 동네임에도 식당이나 마트에서도 구매가 가능했다. 즉, 현지인들도 가능하다는 것이었다. 실제로 하람임에도 불구하고 술을 소비하는 현지인들을 보고 어느 정도는 그들 사이에서도 쉬쉬하며 종교적으로 금기시 되더라도 행해지는 것을 볼 수 있었다.

프랑스어 콘텐츠로 프랑스 문화를 전하는 '꼼데펑세'를 시작하다

프랑스와 프랑스어에는 관심이 없던 내가 지금 프랑스어를 가르치고 있는 것을 보면 나 스스로도 놀라울 때가 많다. 나는 모로코에 머무르는 동안 시간이 날 때면 매일 블로그에 프랑스어 기초 문법 등을 포스팅 했고, 실제로 내가 프랑스에 머물며 원어민 선생님에게 배웠던 내용들도 올렸다. 블로그를 시작한 계기는 내가 좋아하고 잘하는 것이 누군가에게 도움이 될 수 있다면 좋겠다고 생각이 들었고, 한국에서는 프랑스어 자료가 부족하기 때문에 관심 있어 하는 사람들에게 도움이 되고 싶었다. 그래서 다른 블로그들과의 차이점을 두고 싶어서 내가 직접 프랑스 단어와 문장을 녹음해서 함께 포스팅을 했다.

거의 매일 적어도 하나씩 포스팅을 해 나가다보니 사람들이 댓글을 남기며 반응을 하기 시작했다. 프랑스어에 대한 간단한 질문부터 시작해서 감사하다는 댓글과 응원 댓글까지 절로 힘이 났다. 그중에서 너무 큰 도움이 된다며 나중에 내가 쓴 내용을 가지고 책도 출판했으면 좋겠다는 말도 있었다. 이렇게 사람들에게 칭찬을 들으니 더 힘이 생겼고, 누군가에게 도움이 된다는 것이 참 뿌듯했다. 이러한 경험을 하며 나중에 모로코 생활을 마치게 되면 프랑스어를 직접 가르쳐보면 어떨까 하는 막연한 생각이 들기 시작했다.

내가 좋아하고 잘하는 것으로 누군가에게 도움이 된다면 정말 보람 있는 일일 것이다. 나는 모로코에서 일을 하며 프랑스 콘텐츠를 만들어 블로그에 계속해서 업데이트 했고 모로코의 일이 끝이 나면서 한국으로 귀국을 하였다. 귀국 후 내가 하고 싶었던 프랑스어를 가르치기 시작했고 이 일을 시작한 지 벌써 일 년이 훌쩍 지났다.

모로코에서 지내며 동시에 '정보통신산업진흥원'에서 주관하는 정부 프로젝트 'K-Startup Grand Challenge'라는 프로젝트의 SNS 마케팅 및 홍보를 프랑스어 담당으로 맡게 되면서 일도 병행하였다. 이 프로젝트는 외국에 있는 주로 스타트업 기업들을 대상으로 아시안 마켓을 알리는 일이었는데, 특히 한국 시장으로 사업을 확장할 수 있는 기회를 제공함과 동시에 정부에서 다양한 지원을 해주는 프로그램이었다. 이 프로젝트는 약 1년간 이어졌고, 2018년도에도 프랑스어 담당자로 일을 했다.

이 당시 현재 스마트워크 디렉터 〈베타랩〉 최두옥 대표님과 같이 일을 하게 되었는데, 그때의 인연으로 내가 프랑스어를 가르치는 일을 시작했다고 해도 과언이 아니다. 마침 그 분도 프랑스어를 배우고 싶어 했고, 덕분에 나는 프랑스어에 관심 있는 사람들을 모아서 일주일에 한 번씩 프랑스어 수업을 진행하게 되었다. 인원을 모집하는 데에는 페이스북에서 활발히 활동하고 있는 최두옥 님이 모집을 도와주셨고 그때 총 10명에 가까운 사람들이 관심을 보였다. 그렇게 나의 첫 프랑스어 수업은 2018년 1월에 시작되었다.

나는 소수로 하는 영어나 프랑스어 과외 경험은 있어도 10명 정도 되는 사람들 앞에서 강의를 했던 경험은 없었기에 긴장이 되기도 했다. 이 일은 해보지 않았던 일에 대한 막연한 두려움이었던 것 같다. 그러나 나에겐 둘도 없는 기회였기 때문에 직접 사람들 앞에서 말하며 나 자신을 테스트하고 직접적으로 바로 내 프랑스어 강의에 대해 피드백을 확인할 수 있었다. 프랑스어 강사로서의 새로운 삶이 시작된 것이다.

헬렌켈러는 '인생은 과감한 모험이던가, 아니면 아무 것도 아니다'라는 말을 남겼다. 한 번도 해보지 않은 것에 대한 도전, 그리고 그 도전을 통한 내 자신을 들여다보는 것을 통해 인간은 발전한다고 생각한다. 누구에게나 두려움은 존재한다. 아무리 뛰어난 인물이라고 하더라도 변화는 두렵기 마련이다. 그러나 그러한 시기를 겪어야 인생이 변화한다면 그 두려움을 인정하고 도전하는 삶이 더 멋지다고 생각한다.

첫 수업이 시작되는 날, 나는 여느 때와 같이 긴장을 하였다. 아무래도 내가 자신 있는 프랑스어라고 하지만 처음 만나는 사람들을 만나 내가 혼자 강의를 3시간 동안 이끌어 가야 한다고 생각하니 여간 긴장이 되는 것이 아니었다. 서로 자기소개를 하며 수업을 시작하였고 인사를 나누었다. 여기에 보인 사람들은 대부분 프랑스어를 진학 목적이나 근무 조건에 해당하는 것이 아니라 그저 프랑스어가 좋아서 취미 겸 하고자 하는 직장인들이 많았고 대부분의 사람들은 영어도 할 줄 아는 사람들이었다.

프랑스어의 기본 알파벳인 A, B, C, D부터 시작하였고, 나는 언제 긴장했냐는 듯 수업을 이끌어나가고 있었다. 수업을 진행하다 보니 어느 순간 긴장도 전혀 되지 않고 편안해지는 것을 느낄 수 있었다. 나의 첫 수업은 내가 생각하기에 성공적이었다. 큰 문제없이 3시간을 강의 했다는 것만으로도 뿌듯한 일이었으니 말이다.

나는 사실 많은 사람들 앞에 나가서 발표하거나 말하는 것을 잘하지 못한다고 생각했다. 더 어릴 때는 친구들로부터 말이 빠르다는 말을 자주 듣고, 천천히 좀 말해달라는 부탁을 받기도 했다. 그리고 말끝을 좀 흐리는 경향이도 있었지만 단점을 장점으로 바꾸기 위해 계속하여 노력하며 나를 바꾸어 나갔다.

첫 번째 수업 이후에도 매주 사람들을 만나 수업을 진행했다. 학교나 학원 수업처럼 딱딱한 분위기처럼 진행하지 않고, 서로 궁금한 것이 있으면 물어보고 프랑스 문화에 대해 대화도 나누고 자연스럽게 수업을 진행했다. 그렇다 보니 공부하는 사람들의 반응은 아주 좋았다. 그중에서 특히 나는 질문을 많이 받는 편이었는데 학생들도 나중에는 더 편한 마음으로 자신이 궁금한 내용들을 물어볼 수 있어서 참 좋았다고 했다. 그렇게 몇 주를 진행하다 보니 가르치는 일이 재미있게 다가왔다. 내가 가지고 있는 지식을 누군가에게 알려줘서 도움이 되고 수업을 듣는 사람들도 흥미를 느낀다는 것은 내가 생각했던 것 이상으로 기쁨이 되었다. 사실 예전에 고등학교 시절을 떠올리면 친구가 물어보는 것을 내가 설명을 해주어 그 친구가 잘 알아듣고 문제를 해결해 나가는 모습을 보며 나도 가르치는 일을 직업으로 삼아도 좋을 것 같다는 생각을 하기는 했다.

이왕 이렇게 된 거 제대로 강의를 해보자는 마음으로 강남의 한 프랑스 어학원에 이력서를 넣었고 프랑스어 학원 강사에 도전했다. 면접 후, 그 다음 달 바로 지정된 수업에서 프랑스어 강의를 하게 되었다. 이미 몇 달 강의를 했기 때문에 긴장은 크지 않았다. 한번 해봤기 때문에 두려움이 없었던 것이다. 그렇게 내 자신을 테스트 해보고 내 강의 실력을 확인해 보고 싶어 시도하게 된 프랑스어 수업은 결국 '학원 강사'라는 타이틀을 얻게 했다.

나는 이전까지 학교, 학원에서 수업만 들어봤지, 내가 강단에 서서 수업 커리큘럼을 준비해서 학생들을 가르치는 일을 하게 될 줄은 몰랐다. 교재 진도를 나가야하는 학원 강의 특성상 자유로운 분위기에서 강의는 할 수 없어도 색다른 느낌이었고 가르치는 일이 수월하고 재미있었다. 두려움으로 시작한 강의가 재미로 느껴진 내 삶의 특별한 순간이었던 것이다.

하루는 헬스장에서 운동을 하는데 중학교 시절 친구를 우연으로 만나게 되었다. 서로의 근황을 물으며 나는 프랑스어 강사로 일을 한다고 했고, 그 친구는 대단하다는 말을 했다. 자세한 상황은 몰라도 강의를 한다고 하니 멋지게 보였다는 것이다. 나는 대단히 생각하지 않았던 이 직업이 누구에게는 멋지게 보일 수 있다는 것을 느끼며 다시 가르치는 직업에 대해 매력을 느꼈다.

요즘 SNS 홍보는 누구나 할 수 있고 접근이 쉬워 SNS에 프랑스어 강사로서 나를 홍보하며 프랑스어 수업을 듣기 원하는 사람들을 모집하고 있다. 동시에 나는 블로그보다는 영상을 해야겠다는 마음을 먹고 영상에 집중하는 중이다.

현재 누군가는 레드오션이라고 하기도 하고 또 누군가는 블루오션이라고 하는 유튜브에서 '꼼데펑세Comme des français'라는 이름으로 채널을 운영 중이다. 내가 수업을 진행하는 영상이나 프랑스어의 간단한 표현들에 대해 영상을 올리고 있다. 최근에는 파리에 가서 다양한 영상을 촬영해서 일상 속 프랑스어 어휘, 브이로그, 여행 꿀팁과 관련한 영상을 촬영해서 하나씩 올리는 중이다. 또한 '꼼데펑세'라는 이름으로 네이버 카페, 인스타그램 계정도 운영 중이니, 프랑스 언어, 문화, 예술에 관심 있는 사람들은 다양한 정보를 얻었으면 좋겠다.

참고로 '꼼데펑세'라는 이름을 선택한 이유는 프랑스어로 '프랑스 사람들처럼'이라는 뜻으로 '프랑스 사람들처럼 프랑스어를 구사하며 동시에 프랑스 문화를 향유하면서 인생을 한 층 더 풍요롭게 살자'는 슬로건을 갖고, 이러한 삶을 살기 원하는 사람들을 위한 커뮤니티가 있으면 좋겠다는 생각을 했기 때문이다. 그리고 그러한 사람들이 모여 생각을 공유하고, 생산적인 무언가를 같이 만들어 나간다면 남은 인생이 더 멋지고 의미 있을 것이라고 생각한다.

명언 중에 '인생은 아름다워'라는 말이 있다. 나는 '인생은 프랑스어와 함께 더 아름답다'라고 말하고 싶다. 앞으로의 내 도전은 이어질 것이고 프랑스어 교육과 유튜브 영상은 계속 업데이트 될 것이다. 이제 내가 경험했던 것처럼 당신도 프랑스어와 그들의 문화로 인생을 바꾸어 보는 것은 어떨까? 당신의 인생이 지금보다 더 즐거워질 것이라고 확신한다.

#
2014. 06.10
Merciadrien (아드리앙 고마워)
#

나의 프랑스어 선생님이자 동갑내기 친구인 아드리앙. 그의 수업은 언제나 인기가 있었고 그가 잘 가르쳐준 덕분에 지금의 내가 프랑스어를 잘할 수 있게 된 힘이 되었다. 나는 그의 첫 수업을 들은 뒤 그의 수업 방식에 빠져, 한국에 돌아오기 전까지 그의 수업만 고집했다. 나중에는 나와 그가 같은 어학교에서 직장동료로도 일을 하며 더욱 친분을 쌓을 수 있게 되었고 주말에는 파리 근교를 함께 다니며 파리지앵과 같은 삶을 누렸다. 내가 그를 만난 건 행운일 만큼 나의 프랑스어 실력을 쌓는 데 큰 도움이 되었다.

Merci Adrien!

#
2018.10.06
onestensemble (우리는 함께다)
#

파리에서의 생활을 마치고 우리나라로 돌아왔을 때 파리가 무척이나 그리웠다. 그래서 해마다 찾아가는 몽마르뜨 언덕은 갈 때마다 새로운 느낌이 든다. 파리는 어디를 가든지 음악 소리를 들을 수 있다. 파리의 감성과 함께 울려 퍼지는 음악 소리는 발걸음을 멈추게 하는 매력이 있다. 이날도 몽마르뜨 성당 앞에는 기타를 치며 노래를 하는 사람이 있었고, 노래가 한곡 끝나자 어느 한 여성이 다가와 바구니에 살며시 팁을 넣었다. 그러자 그 남성은 그녀를 자신의 옆자리로 안내하고 함께 노래를 부르기 시작했다. 사람들은 환호를 지르고 다 같이 한 목소리로 노래를 불렀다. 이 순간만큼은 인종과 국가를 떠나 모두 다 하나가 된 느낌이었다.

#
2013.03.24
파리 그 시절 추억의 거리
#

파리에서 생활을 하며 오페라 가르니에는 가장 많이 찾았던 장소다. 처음 파리에 도착 후, 어학교가 위치한 이곳을 매일 아침 지나쳤다. 그래서 생각이 많이 나는 장소이기도 하다. 또한 파리 생활 도중에 이사하기 전 잠시 이 근처 프랑스 친구 집에서 머물렀었는데, 파리 주변 분위기와는 다르게 그의 집은 고시원같이 매우 작았고, 화장실도 공동으로 사용했다. 생활환경은 우리나라가 훨씬 편리한 점이 많았지만 그때는 내가 파리 중심에서 산다는 것만으로도 무척 감사했다. 파리는 불편함을 감수할 수 있을 만큼 매력적인 도시라는 것을 느꼈다.

#

2018.10.8

파리의 색다른 운치 생마르탱 운하

#

서울에서는 한강으로 사람들이 모인다면 파리는 주로 센 강으로 모인다. 파리에서 여행 중 센 강과는 다른 분위기를 내는 생마르탱 운하를 찾았다. 점심시간이 되면 학생, 직장인들이 신분에 상관없이 줄지어 앉아 샐러드나 샌드위치와 같은 간단한 식사를 한다. 그리고 햇볕을 쬐며 여유로운 시간을 보낸다. 가을이라 그런지 선선한 바람이 불어 생마르탱 운하의 분위기를 한층 더 고조시킨다. 잠시 나는 그들과 함께 파리의 가을을 느껴본다.

#

2013.07.30

최고의 순간으로 기억된 센 강 피크닉

#

내가 파리에서 가장 소중하게 생각하는 시간은 센 강에 걸터앉아 친구들과 피크닉을 즐기며 와인 한 잔을 기울이던 때이다. 노을 질 때쯤 근처 마트에서 간단하게 장을 봐서 센 강으로 향한다. 그 시간에는 이미 남녀노소 할 것 없이 다양한 사람들이 자리를 잡고 모여 있다. 그들과 함께 노을을 바라보며 프랑스어로 대화를 하면 그 순간만큼은 내가 영화 속 파리지앵이 된 것 같은 느낌이 들었다. 어느새 저녁이 되면 파리의 건축물은 빛에 반사되어 노란 불빛으로 옷을 갈아입는다. 동시에 그 불빛에 넘실거리는 센 강을 바라보고 있으면 또 다른 파리의 매력을 느낄 수 있었다.

\#
2013.10.6
파리 패션위크
\#

2014 파리 패션위크 s/s 기간이다. 쇼가 끝나고 셀럽들은 쇼장을 나오기 시작한다. 그때부터 포토그래퍼들은 눈치싸움을 하며 가장 좋은 자리를 찾기 위해 경쟁을 한다. 빨간색 코트를 입은 미로 슬라바 듀마Miroslava Duma가 나온다. 모든 포토그래퍼들은 그녀의 사진을 한 장이라도 찍기 위해 뛰기 시작했고, 나 또한 그들을 따라 뛰었다. 남들보다 더 좋은 위치와 각도에서 사진을 찍기 위해 100m 달리기를 하듯이 전력을 다해 달리다가도 그녀가 잠시 걸음을 멈추면 그 순간을 잡아 포토그래퍼들은 끊임없이 셔터를 누른다.

#
2013.03.01
파리에서 만난 나영 킴
#

파리 패션위크 포토그래퍼로 활동하며 외국 유명 배우와 가수부터 시작해서 국내 연예인들까지 다양한 셀럽을 만났다. 이 시즌에는 방송인 김나영 씨가 온다는 이야기를 들었고, 평소와 같이 패션위크 현장에 도착했다. 패션위크는 보통 일주일 동안 쇼가 진행 되는데, 이날은 2~3일이 지난 후였다. 김나영 씨는 국내 포토그래퍼뿐만 아니라 해외 유명 포토그래퍼, 셀럽들에게 주목을 받았다. 나는 사실 연예인을 보면 사진 부탁을 잘 하지 않지만 이날만큼은 추억으로 삼기 위해 사진 한 장을 부탁해서 남긴 사진이다. 파리의 생활은 다양한 경험을 할 수 있는 기회를 주었다.